읽으면서 바로 써먹는 프로젝트 수업

수업도 여행처럼!
프로젝트 수업 왕초보를 위한

PBL 프로젝트 수업 재미있게 하기

안현준·김지현 공저

★
(주)광문각출판미디어
www.kwangmoonkag.co.kr

수업도 여행처럼

'방학마다 여행하듯, 한 학기에 하나씩'

프로젝트 수업에 대해 우리는 이미 많이 들어 보았습니다. 그러나 프로젝트 수업을 직접 계획하고, 스스로 실천한 경험은 정작 많지 않습니다. 어떻게 계획해야 할지, 어떻게 실천해야 할지 몰라 막막한 경우가 많습니다. 화려한 프로젝트 수업의 사례들은 많이 있지만 이 수업을 어떤 과정을 통해 설계하고 계획하였는지, 어떻게 성공적으로 실천할 수 있었는지에 대해 자세히 알려 주는 곳은 없습니다.

이 책은 '프로젝트 왕초보를 위한 책'입니다. 즉 프로젝트 수업의 기본기에 관해 쓴 책입니다. 프로젝트 계획부터 구체적인 실행까지 모두 담겨 있습니다. 1부에서는 프로젝트 계획법 8단계를 소개합니다. 2부에서는 프로젝트 수업의 구체적인 실행에 관한 사례와 운영 방법들을 소개하고 있습니다. 3부에서는 실천한 프로젝트 수업을 다음에도 잘 활용할 수 있도록 기록할 수 있는 방법을 안내하고 있습니다.

이 책을 읽고 한 학기에 하나씩 프로젝트 수업을 계획한다면 1년에 2개, 3년이면 6개, 5년이면 10개의 프로젝트 수업을 쌓을 수 있게 됩니다. 이렇게 쌓인 프로젝트 수업들은 나만의 교사 교육과정이 되고, 기존의 프로젝트 수업들끼리 서로 연결되고 이어지면서 새로운 프로젝트로 나아가게 됩니다.

여행을 잘 다녀오면 새로운 여행을 하는 데 자신감이 생기듯 프로젝트 수업을 잘 해 내면 새로운 프로젝트 수업을 하는데 자신감이 생깁니다. 여행을 많이 다니게 되면 나만의 여행 방법이 만들어지듯 프로젝트 수업을 많이 하게 되면 나만의 교사 교육과정이 만들어지게 됩니다. 이렇게 많은 프로젝트 수업이 쌓이면 한 달에 1개씩만 실천해도 1년이 끝나게 됩니다. 할 게 많아서 고민인, 행복한 고민으로 가득한 한 해가 될 것입니다.

여행을 가기 전, 여행책을 보며 설렘 가득한 마음으로 여행을 준비하듯 이 책을 보며 프로젝트 수업도 여행처럼 설렘이 가득한 마음으로 준비해 보시면 어떨까요?

함께 여행을 떠날 준비가 되셨습니까?
이 책이 선생님들의 프로젝트 수업이라는 여행의 길잡이가 되어 줄 것입니다.

저자 안현준, 김지현

목차

 읽으면서 바로 써먹는 **PBL 프로젝트 계획법**

2부 읽으면서 바로 써먹는 PBL 프로젝트 실천법

읽으면서 바로 써먹는 PBL 프로젝트 기록법

1부

읽으면서 바로 써먹는

PBL 프로젝트 계획법

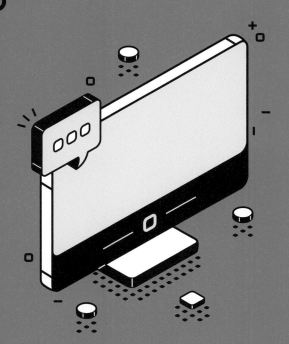

프로젝트 수업이란?

Project는 Pro와 Ject가 합쳐진 말이다. Pro는 '앞으로', Ject는 '튀어나가다'의 의미가 있다. 즉 앞으로 나아가는 수업이라는 뜻이다. 그래서 이 책에서는 프로젝트 수업을 '교사와 학생이 목표를 정하고 일정 기간 동안 여러 활동을 계획하고 수행하며 배우는 수업'으로 정의하고 있다. 저자는 사람과교육연구소에서 운영한 '행복교실'이라는 공부모임을 통해 프로젝트 수업을 처음 접하게 되었다.

다시 말해, 프로젝트 수업을 위해서는 네 가지 조건이 필요하다. 즉 ① 일정한 기간 ② 다양한 활동 ③ 학생의 능동적 참여 ④ 결과물이 있어야 하고, 이 네 가지 조건이 모두 교육과정 속에서 운영되어야 한다.

프로젝트는 우리의 삶 속에서 언제나 존재하며, 삶은 프로젝트의 연속이다. 여행을 할 때, 돈을 모을 때, 무엇인가를 만들 때 등과 같이 우리 삶 속의 모든 활동은 목표가 있고 일정 기간 동안 여러 활동이 이루어지는 프로젝트이다. 그렇기에 프로젝트 수업의 목적은 단순히 프로젝트 수업을 실현하는 것을 넘어 학생들이 프로젝트 수행 능력을 키워서 원하는 삶을 살아가는 힘을 갖게 하는 것이다.

2.

2022 개정 교육과정과 프로젝트 수업

1) 학교자율시간과 학습자 주도성

2022 개정 교육과정에서는 학교자율시간을 도입하여 교육 공동체가 지역과 학교의 여건 및 학생의 필요를 반영한 맞춤형 프로그램이나 지역 연계 활동 등 다양하고 특색 있는 교육과정을 편성·운영할 수 있도록 하였다.

> [1] 학교자율시간이란 '지역과 학교의 여건 및 학생의 필요에 따라 교과 및 창의적 체험활동의 일부 시수를 확보하여 국가 교육과정에 제시되어 있는 교과 외 새로운 과목이나 활동을 개설·운영하는 시간'이다.

프로젝트 수업은 2022 개정 교육과정에서 강조하는 학습자 주도성과 학교자율시간에서 강조하는 학교의 자율성의 측면에서 깊은 연관성을 가진다. 학교자율시간을 활용하여 프로젝트 수업에 필요한 충분한 시간을 확보한다면 학습자 주도성을 기르고 학교의 자율성을 실천할 수 있다는 점에서 학교자율시간과 프로젝트 수업은 유기적으로 연결된다.

그리고 학교자율시간을 통해 기존 교과와 프로젝트 수업을 융합한 창의적이고 특색 있는 교육과정을 설계할 수도 있다. 예를 들어 국어 교과 시간을 활용해 다양한 의사소통 기술을 배우고 학교자율시간을 활용해 의사소통 기술을 활용한 학습자 참여형 프로젝트를 수행하는 식의 연계 학습이 가능하다. 또한, 지역 사회와 연계한 프로젝트를 설계해 학생들이 지역 문제를 해결하거나 지역 문화를 탐구하는 활동을 진행할 수도 있다.

---

1) 경기도교육청 학교자율시간 과목 및 활동 개설 예시 자료

2. 2022 개정 교육과정과 프로젝트 수업

결론적으로, 2022 개정 교육과정의 학교자율시간을 활용한 프로젝트 수업은 학생들이 실제 문제를 해결하며 학습의 의미와 성취감을 느끼고 다양한 역량을 기를 수 있는 중요한 도구로 활용될 수 있다. 이를 통해 학생 주도성과 학교의 자율성을 동시에 실현할 수 있는 환경을 조성할 수 있다.

2) 교사 주도성 그리고 교사 교육과정

2022 개정 교육과정의 학생 주도성이 실현되기 위해 교사는 교사 주도성을 발휘하여 교사 교육과정을 운영할 수 있어야 한다. 교사 주도성이란 자신만의 교사 교육과정을 잘 운영하기 위한 역량을 뜻한다. 교사 교육과정이란 국가 교육과정이나 학교 교육과정을 기반으로, 자신이 담당하는 교과와 학생들에게 적합한 수업을 설계하고 운영하기 위해 교육과정을 재구성하거나 발전시키는 과정을 의미한다. 이는 단순히 교육과정을 따르는 것을 넘어, 교사가 학습자의 특성과 학급의 상황에 맞는 수업을 주도적으로 설계하고 실행하는 데 중점을 둔다.

프로젝트 수업은 교육과정을 재구성하여 자신만의 교사 교육과정을 만드는 과정이라고도 할 수 있다. 프로젝트 수업을 위해서는 학습자의 수준에 적합한 수업을 설계하고, 학생들이 주도적으로 참여할 수 있는 활동을 계획하고 이를 위한 환경을 조성하는 것이 필요하기 때문이다.

프로젝트 수업들이 하나씩 만들어져 블록처럼 쌓이다 보면 어느새 자신만의 특색 있는 교육과정, 즉 교사 교육과정이 만들어지게 된다. 이를 운영하는 과정에서는 교사의 역량이 발휘되어야 하는데, 이 역량이 바로 교사 주도성이기도 하다. 다시 말해, 프로젝트 수업이 모이면 교사 교육과정이 되며, 이를 설계하고 운영하기 위해서는 교사 주도성이 발휘되어야 한다.

1부

2부

3부

2. 2022 개정 교육과정과 프로젝트 수업

프로젝트 수업을 하게 된 이유

5학년을 연임하다 보니 자연스레 5학년 교육과정의 전체적인 흐름들이 머릿속에 들어왔다. 자세히 보니 여러 교과에 공통적으로 포함된 주제들이 보였고, 또 다른 교과와 연계하여 가르치면 훨씬 효율적인 주제들도 보였다. 이러한 주제들을 교과별로 따로 가르치면 진도를 각각 따로 나가야 하고, 비슷한 내용을 반복해서 가르쳐야 한다. 물론 학습 내용의 깊이는 차이가 어느 정도 있지만 분명히 겹치고 반복되는 부분이 있는 것은 사실이며, 이를 각각 개별적인 수업으로 모두 진행하면 시간이 굉장히 빠듯해진다.

또 5학년 2학기 사회 교과의 전체 내용은 역사인데, 51차시 동안 고조선에서 6·25전쟁까지 약 5천 년의 역사를 가르쳐야 한다. 물론 가르친다면 가르칠 수 있지만, 역사를 처음 배우는 5학년 학생들에게 굉장히 바쁘고 급하게 역사를 가르쳐야 한다. 이렇게 가르치는 것이 효과적일까라는 의문을 많은 교사가 가지고 있을 것이다. 국어 교과에 나오는 토의 주제는 사회 교과에 나오는 역사와 관련된 주제로 하거나, 미술 교과에 나오는 수묵채색화를 역사와 관련지어 설명한다면 각 교과의 성취 기준도 달성하면서 수업 진도도 중복되지 않게 하나의 큰 흐름으로 가르칠 수 있어 시간도 절약하고 의미도 깊어질 수 있다고 생각했다.

그리고 인디스쿨이나 블로그에 있는 여러 훌륭한 자료들을 활용해 보고 싶었다. 각각의 과목을 개별적으로 가르칠 때는 좋은 자료가 있더라도 시간이 부족하고 진도가 빠듯하여 이를 활용하는 것이 어려웠다. 그래서 이 좋은 자료들을 활용할 만한 시간들을 만들어 내고 싶었다. 그렇게 5학년을 3년 연속하던 해, 본격적으로 프로젝트 수업을 계획하고 실행하게 되었다.

프로젝트 수업이 어렵게 느껴지는 이유

처음 프로젝트 수업을 하려고 했을 때 굉장히 많은 어려움을 느꼈다. 왜냐하면 계획하는 방법을 몰랐기 때문이다. 프로젝트에 관한 연수나 자료들을 보면 대부분 수업 사례나 결과물들을 보여 주는 내용이 많았다. 하지만 이러한 사례나 결과물들이 어떤 과정을 통해 계획되었고, 어디에서 아이디어를 얻게 되었는지 알려 주는 곳은 없었다. 그렇다 보니 프로젝트 수업 관련 연수를 들어도 우리 교실에서 바로 적용할 수 없었고, 오히려 좋은 사례들을 실천하지 못한다는 생각에 자책감이 들기도 했다. 그리고 동료 선생님들과도 프로젝트 수업에 대해 이야기를 나누다 보면 아래와 같은 어려움을 느낀다고 한다.

[1] 계획을 세우는 것이 어렵다.
[2] 많은 자료를 만들 시간이 없다.
[3] 교육과정 진도가 빠듯하다.

이러한 어려움들을 해결하고 프로젝트 수업을 하기 위해 우선 '프로젝트 수업을 계획하는 과정'이 필요하다는 것을 깨닫게 되었다.

프로젝트 수업 계획하기 8단계

앞에서 말한 프로젝트 수업의 4가지 조건은 ① 일정한 기간 ② 다양한 활동 ③ 학생의 능동적 참여 ④ 결과물이다. 이를 자세히 보니 마치 프로젝트 수업은 우리가 여행을 가는 과정과 비슷하다는 것을 알 수 있다. 여행은 ① 일정한 기간 동안 이루어지며, 여행을 가서 ② 다양한 활동을 하며, 여러 가지 활동에 ③ 능동적으로 참여하고 다녀와서 ④ 결과물을 남기는 과정이 비슷했다. 그래서 프로젝트 수업을 계획하는 과정을 떠올릴 때 평소 여행을 갈 때 어떤 준비들을 했는지 생각해 보았다. 그리고 이를 프로젝트 수업 계획 과정과 연결 지어 보았다.

여행 계획 과정	프로젝트 수업 계획하기 8단계
① 여행을 가야 하는 이유 찾기	① 굳이 프로젝트 수업을 해야 하는 이유 찾기
② 여행 방법 생각하기	② 방법 정하기
③ 목적지 정하기	③ 중심 교과 정하기 + 성취 기준 분석하기
④ 여행 가서 하고 싶은 것들 생각하기	④ 활동 브레인스토밍
⑤ 하고 싶은 것 중 '꼭' 할 것들 선택하기	⑤ 핵심 활동 및 루틴 정하기
⑥ 여행 계획 한 장에 정리하기	⑥ 한 장 정리
	⑦ 마중그림(이름, 표지) 만들기
	⑧ 시각화 자료 만들기

[여행 계획 과정 vs 프로젝트 수업 계획 과정]

1) 굳이 프로젝트 수업을 해야 하는 이유 찾기
(여행을 가야 하는 이유 찾기)

프로젝트 수업을 계획하고 실천하는 데 노력과 시간이라는 자원이 많이 필요하다. 그냥 각각 차시별로 가르쳐도 되지만 굳이 여러 교과의 공통된 내용을 하나의 주제로 엮어 수업을 해야 하는 이유가 있어야 한다. 굳이 내가 프로젝트 수업을 해야 이유를 생각하지 않고 프로젝트 수업을 하려고 하면 긴 차시의 프로젝트를 달성하는 내내 어려움을 겪게 되고, 프로젝트 기간 동안 심리적으로 많은 부담을 지니게 된다.

5학년 사회 교과를 보면 1학기는 지리와 인권, 2학기는 역사가 나온다. 지리를 주제로 프로젝트 수업을 한 이유는 그냥 교과서대로 가르치는 것이 더 어려웠기 때문이다. 가르칠 내용이 지나치게 방대하고 아이들은 교과의 내용이 자신의 생활과 동떨어져 있다고 느끼기에 프로젝트 수업을 계획하게 되었다.

2) 방법 정하기 (교과 중심 프로젝트 수업 vs 주제 중심 프로젝트 수업)

(1) 교과 중심 프로젝트 수업

프로젝트를 해야 하는 이유를 찾았으면 프로젝트 수업의 방법을 정해야 한다. 방법은 크게 2가지가 있는데, '교과 중심 프로젝트'와 '주제 중심 프로젝트'가 있다. 교과 중심 프로젝트 수업은 하나의 중심 교과를 두고 다른 교과의 교육과정 내용을 덧붙여 진행하는 프로젝트 수업이다. 예를 들어, 인권 프로젝트 수업을 한다고 했을 때 5학년 1학기 사회 2단원의 내용이 중심 내용이 된다. 이 단원의 내용과 5학년 1학기 국어 1단원의 '대화와 공감'을 함께 적용하여 수업한다면 사회 교과를 통해 배운 '인권'의 개념을 국어 교과의 '대화'를 통해 적용할 수 있는 활동으로 실천할 수 있게 된다. 이렇게 되면 사회 1단원, 국어 2단원을 함께 지도할 수 있기에 개념의 의미가 훨씬 풍성해지고, 교사도 다양한 활동을 할 수 있는 시간을 확보할 수 있으며, 학생들도 하나의 큰 주제를 바탕으로 활동에 참여하기에 훨씬 몰입도 있는 수업이 이루어진다.

교과 중심 프로젝트		인권 프로젝트
	중심 교과	● 사회 5-1-2. 인권 존중과 정의로운 사회
	뒷받침 교과	● 국어 5-1-1. 대화와 공감 ● 도덕 5-1-2. 내 안의 소중한 친구 ● 실과 5-1-1 나의 성장

(2) 주제 중심 프로젝트 수업

주제 중심 프로젝트 수업은 여러 교과 내용에서 공통적으로 나오는 하나의 큰 주제를 중심으로 여러 교과의 차시를 활용하여 진행하는 프로젝트 수업이다. 이때 하나의 교과를 중심으로 두고 프로젝트 수업을 하면 주제 중심이면서 교과 중심인 프로젝트 수업이 된다. 여러 교과의 내용에 공통적으로 나오는 '환경 프로젝트, 생명 존중 프로젝트, 가족 사랑 프로젝트'들이 주제 중심 프로젝트 수업이라고 할 수 있다.

5학년 교육과정을 살펴보면 '환경'과 관련된 내용들이 여러 교과에 등장한다는 것을 알 수 있다. 특히 과학, 실과 교과에서는 '환경'을 주제로 한 단원들이 있기에 이를 재구성하여 '환경'이라는 큰 주제로 교육과정을 재구성하여 수업하면 공통된 내용을 연결하여 효율적으로 수업할 수 있다. 여기에 도덕 1단원 '바르고 떳떳하게'에 나오는 정직, 실천과 관련된 내용과 국어 3단원에 나오는 '토의' 내용을 연결하면 환경을 주제로 하는 다양한 활동을 학생들과 실천할 수 있게 된다. 이렇게 되면 과학, 실과, 도덕, 국어를 하나의 주제로 연결하여 수업을 할 수 있기에 다양한 활동을 할 수 있는 시간을 확보하면서 교과 진도도 함께 나아갈 수 있는 일거양득 효과를 누릴 수 있다.

주제 중심 프로젝트		환경 프로젝트
	연계 교과	● 과학 5-2-2. 생물과 환경 ● 실과 5-1-3. 생활 자원의 관리 ● 도덕 5-1-1. 바르고 떳떳하게 ● 국어 5-2-3. 의견을 조정하며 토의해요

프로젝트 수업을 처음 한다면 '교과 중심 프로젝트'를 먼저 계획해 보는 것을 추천한다. 하나의 큰 뼈대가 있는 상황에서 프로젝트를 계획하는 것이기에 방향을 잡기 수월하기 때문이다.

3) 중심 교과 정하기 + 성취 기준 분석하기

프로젝트 수업 방법을 정했다면 중심이 되는 하나의 교과를 선정해야 한다. 프로젝트 수업 중 주제와 관련된 내용이 많이 들어 있는 교과나 가장 많은 차시를 차지하는 교과를 중심 교과로 선정하면 된다. 중심 교과를 정하는 이유는 큰 뼈대를 잡기 위함이다. 중심 교과가 있어야 다른 교과를 덧붙이기 훨씬 수월하다. 주제 중심 프로젝트 수업의 경우도 여러 교과가 함께 활용되지만, 중심이 되는 교과를 하나 정해 두는 것이 수월하다. 조금 더 강점을 둘 교과나 주로 활용할 교과를 중심 교과로 정하면 된다.

중심 교과를 정했으면 교과의 성취 기준을 분석해야 한다. 성취 기준을 분석하는 이유는 프로젝트 수업은 반드시 '교육과정' 속에서 운영되어야 하기 때문이다. 앞에서 언급하였듯 프로젝트 수업을 위해서는 네 가지 조건이 필요하다. 네 가지 조건은 ① 일정한 기간 ② 다양한 활동 ③ 학생의 능동적 참여 ④ 결과물이며, 이 조건들은 모두 교육과정 속에서 운영되어야 한다. 성취 기준을 분석해야 이러한 4가지 조건이 교육과정이라는 큰 틀 안에서 구성되고, 프로젝트 수업의 방향도 교육과정과 같은 방향으로 나아갈 수 있게 된다. 성취 기준을 분석하지 않으면 다양한 활동을 많이 하나 교육과정과 점점 멀어지게 되고, 단순 흥미 위주의 활동으로 나열되는 일이 발생할 수 있다.

성취 기준을 자세히 분석하면 '무엇을' 가르쳐야 하는지, '어떻게' 가르쳐야 하는지 알 수 있다. 성취 기준에는 [가르칠 내용] + [가르칠 방법]이 명시되어 있기 때문이다. 성취 기준에 나와 있는 내용을 토대로 가르칠 내용과 가르칠 방법을 명확하게 하면 된다. 프로젝트 수업을 하는 이유 중에는 교과서의 가르칠 내용이 지나치게 추상적이거나, 내용이 너무 많아 명확하지 않아 오히려 교과서대로 가르치기 어려운 경우도 있기 때문이다. 또 성취 기준 분석을 하면 여러 교과를 함께 재구성하는 복잡한 과정에서도 반드시 가르쳐야 할 것을 놓치지 않을 수 있다.

6사01-01	우리나라의 위치와 영역이 지니는 특성을 설명하고 이를 바탕으로 하여 국토 사랑의 태도를 기른다.
6사01-02	우리 국토를 구분하는 기준들을 살펴보고 시·도 단위 행정구역 및 주요 도시들의 위치 특성을 파악한다.
6사01-03	우리나라의 기후 환경 및 지형 환경에서 나타나는 특성을 탐구한다.
6사01-04	우리나라 자연재해의 종류 및 대책을 탐색하고 그와 관련된 생활 안전 수칙을 실천하는 태도를 지닌다.

6사01-05	우리나라의 인구 분포 및 구조에서 나타난 변화와 도시 발달 과정에서 나타난 특징을 탐구한다.
6사01-06	우리나라의 산업 구조의 변화와 교통 발달 과정에서 나타난 특징을 탐구한다.

[예시] 5학년 1학기 사회 1단원 성취 기준(2015 개정 교육과정)

성취 기준	가르칠 내용	가르칠 방법	수업 방법
6사01-01	우리나라의 위치와 영역이 지니는 특성을	**설명**하고	강의
	이를 바탕으로 하여 **국토 사랑의 태도**를	**기른다.**	
6사01-02	우리 국토를 구분하는 기준들을	**살펴보고**	강의
	시·도 단위 행정구역 및 주요 도시들의 위치 특성을	**파악**한다.	
6사01-03	우리나라의 기후 환경 및 지형 환경에서 나타나는 특성을	**탐구**한다.	탐구 학습
6사01-04	우리나라 자연재해의 종류 및 대책을	**탐색**하고	탐구 학습
	그와 관련된 생활 안전 수칙을 실천하는 태도를	**지닌다.**	실습
6사01-05	우리나라의 인구 분포 및 구조에서 나타난 변화와 도시 발달 과정에서 나타난 특징을	**탐구**한다.	탐구 학습
6사01-06	우리나라의 산업 구조의 변화와 교통 발달 과정에서 나타난 특징을	**탐구**한다.	탐구 학습

[예시] 5학년 1학기 사회 1단원 성취 기준 분석 (2015 개정 교육과정 기준)

4) 활동 브레인스토밍

프로젝트 주제와 관련하여 하고 싶은 활동을 자유롭게 떠올리는 것이다. 프로젝트 주제와 관련된 활동 중 평소에 하고 싶었는데 시간이 부족해서 하지 못했던 활동을 생각하면 된다. 활동을 브레인스토밍할 때는 인디스쿨, 블로그, 유튜브 등 다른 선생님들께서 이미 만들어 두신 교육 자료를 참고하면 많은 도움이 된다. 인터넷에 있는 좋은 자료 중 시간이 부족하거나 규모가 너무 커서 활용하지 못했던 경우가 더러 있을 것이다. 프로젝트 수업을 하게 된다면 충분한 차시를 확보할 수 있기에 여러 선생님의 자료를 활용할 시간적 여유가 생긴다. 이러한 방법으로 프로젝트 활동을 계획한다면 여러 가지 좋은 자료들을 프로젝트 주제에 맞게 조금씩 변형하거나 순서를 정리하여 활용할 수 있다. 활동 브레인스토밍 방법은 다음의 2가지 방법을 소개하고자 한다.

1. 교과서 차시 내용별로 폴더를 하나씩 만든다.

2. 인터넷의 여러 자료를 훑어보며 프로젝트의 방향과 맞는 자료를 하나씩 다운로드하여 저장한다.

3. 내려받은 교육 자료를 하나씩 정독하며 어떤 방향으로 활동하면 좋을지 생각하고, 자료를 프로젝트 방향과 수업자의 성향에 맞게 조금씩 재구성한다.

4. 이렇게 하면 평소에 하고 싶었던 수업 활동들이 순서대로 배치된다. 이후 [6단계]의 한 장 정리를 할 때 시간이 부족한 차시는 다른 교과의 차시 중 활용할 수 있는 차시를 가지고 와 배치하면 활동할 수 있는 시간을 충분히 확보할 수 있다.

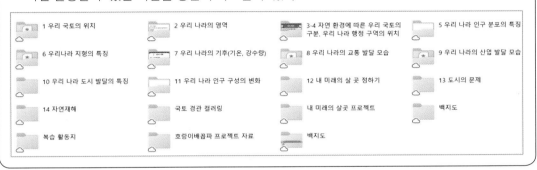

[방법 1] 중심 교과의 차시 내용별 폴더 만들기 (지리 프로젝트)

1. 프로젝트 주제와 관련된 하고 싶은 활동 적기

2. 다른 교과의 교육과정에서 (1)에서 떠올린 활동들을 적용할 수 있는 단원, 차시 찾기
   - '역사 연극'을 떠올렸으면 역사 연극을 할 수 있는 다른 교과의 단원, 차시를 찾으면 된다. 사회 수업 시간만으로 역사 연극을 하기에는 시간이 부족하므로 국어 '연극' 단원의 일부 차시를 활용하여 '역사 연극'을 진행하면 사회, 국어 진도를 함께 나가면서 역사를 적용할 수 있는 활동도 할 수 있게 된다.

3. 기획안 작성하기

관련 교과	활동명		배움 활동 / 단원	세부 배움 활동
미술	팔만대장경으로 고려를 지켜라	표현	[3-09] 즐겁게 입체로 만들기	○ [조선] 금속활자 만들기 (지우개) ○ [조선] 팔만대장경 만들기 (우드락 판화)
	[조선] 나도 신사임당! 우리나라의 미술	감상 표현	[2-07] 전통 미술과 현대 미술	○ 전통 미술 특징 찾기 ○ 시대와 표현 재료 방법 알기 ○ 민화, 수묵담채화 그리기 (붓펜, 물감)
	[조선] 5-2 시조 백일장	표현	[4-13] 아름다운 우리 글씨, 궁체	○ [조선] 이방원, 정몽주 시조 쓰기 대회
	특명! 문화유산을 알려라! 대한독립만세!	표현	[3-10] 내용을 알리는 디자인	○ 문화유산 광고 만들기 ○ 독립운동 홍보 포스터 ○ 미니 태극기 만들기
	(삼국) 최종 병기 활	표현	[8-05] 상상으로 펼치는 새로운 세상	○ 폼보드 활, 수수깡 화살 만들기 - 최고의 TOP 궁사 선발 대회
	(삼국) 문화재 전문가 되어보기	표현	[3-09] 즐겁게 입체로 만들기	○ 문화재 조립하기

[방법 2] 프로젝트 수업 기획안 작성하기 (역사 프로젝트)

5) 핵심 활동 및 루틴 정하기

활동 브레인스토밍이 끝나면 프로젝트 수업이 마치 뭉게구름처럼 이리저리 떠다니는 것 같은 상황이 된다. 여행을 가서 하고 싶은 것들은 많이 찾았지만 명확하게 정리되지는 않은 상황이다. 이대로 프로젝트를 하기에는 아직 어려움이 있다. 막상 무엇을 어떻게 해야 할지 확실하게 정해지지 않았기 때문이다. 이번 단계에서는 앞에서 떠올린 활동들 중 프로젝트 수업의 주된 활동 루틴을 정하고 프로젝트 수업 첫 차시와 마지막 차시를 계획하는 것이다. 여행으로 비유하면 여행을 가서 꼭 해야 할 일을 정하고, 여행의 첫날과 마지막 날을 계획하는 일이다. 처음과 시작, 그리고 주된 활동 루틴 이 3가지 내용만 정해져도 프로젝트 수업의 큰 가닥이 잡히고 조금 더 수월하게 실행할 수 있다. 이 3가지 내용을 정할 때에도 혼자서 고민하면 정하는 것이 쉽지 않다. 인디스쿨, 블로그 등에 있는 여러 선생님의 자료를 참고하여 프로젝트 수업의 도입과 마무리, 주된 활동 루틴을 떠올리면 훨씬 간편하다.

(1) 프로젝트 수업 첫 차시 활동 생각하기 (도입)

먼저, 프로젝트 수업을 도입할 때 어떤 활동을 하면 좋을지 생각해 본다. 학생들에게 프로젝트 수업을 어떻게 도입할 것인가? 어떤 활동과 발문으로 학생들이 프로젝트 수업에 들어올 수 있도록 할 것인가.

(2) 프로젝트 수업 마지막 차시 활동 생각하기 (마무리)

긴 시간의 프로젝트 수업을 마무리할 때 어떤 활동을 하면 좋을지 생각해 보는 단계이다. 프로젝트 수업의 경우 짧게는 1~2주, 길게는 몇 달씩 이루어지다 보니 마무리 활동을 미리 생각해 두지 않으면 끝날 때 흐지부지되는 경우가 흔하다. 마무리가 깔끔하게 잘되지 않으면 프로젝트 수업에 대한 기억이 좋지 않게 남게 되고, 다음 프로젝트를 준비하거나 실행하는 데 많은 부담을 느끼게 된다. 그러므로 마무리 활동을 미리 계획해 두는 것은 대단히 중요하다. 주로 프로젝트 기간 동안 만든 결과물을 발표 및 전시를 하는 것이 일반적이고, 자기 평가를 하거나 소감을 나누는 활동도 가능하다.

(3) 핵심 활동 및 루틴 생각하기

마지막으로 프로젝트 수업 동안 매 차시 주된 활동 루틴을 정해야 한다. 프로젝트 수업은 일정 기간 동안 이어지는 긴 호흡의 활동이다. 매 차시 활동 루틴이 없다면 꾸준히 지속하기 힘들고, 학생들도 프로젝트에 몰입하기 어렵다. 왜냐하면 장기간의 프로젝트 수업 동안 매 차시를 세부적으로 계획하는 것은 쉬운 일이 아니기 때문이다. 주된 활동 루틴이 있다면 규칙적인 수업 흐름을 가지기에 교사가 일관성 있게 프로젝트 수업을 할 수 있을 뿐만 아니라 학생들도 프로젝트 수업에 몰입하면서 활동에 익숙해지기에 시간이 지날수록 수업 효율이 증가하게 된다. 그러므로 매 차시 꾸준히 이어지는 활동 루틴이 있어야 한다. 주된 활동 루틴이 세부적이고 구체적으로 정해질수록 프로젝트 수업에 대한 부담이 줄어들게 된다.

지리 프로젝트 (호랑이 배꼽파 프로젝트)		교과 중심
도입	주된 활동 루틴	마무리
<동> 지도를 보며 내가 가본 지역 소개하기	1. 가설 설정 2. 자료 제시 3. 지도 탐구하기 4. 결론 발표하기 5. 결론을 평택에 적용하기	**\<결과물\>** 평택의 지리적 정보를 한 장에 정리 **\< 활 동 \>** 1. 평택을 소개합니다. (국토 지리적 정보를 활용한 평택 소개 자료 만들기) 2. 자기평가 및 소감 발표
<1> 우리 국토에서 평택의 위치 찾기		
<2> 평택이 호랑이 배꼽이라고 불리는 이유는?		
<3> 평택에 대한 국토 퀴즈 풀기 (나는 우리 고장에 대해 얼마나 알고 있는가?)		
<정> 호랑이 배꼽파 프로젝트 안내		

[예시] 5학년 1학기 사회 1단원 지리 프로젝트 주된 활동 루틴

6) 한 장 정리 (프로젝트 수업 계획서 작성하기)

흔히 말하는 '프로젝트 수업 계획서'를 만드는 단계이다. 앞에서 떠올린 다양한 활동, 도입, 정리, 루틴 활동들을 한 장에 차시 순서대로 정리하는 것이다. 대개는 프로젝트 수업을 계획한다고 할 때 이 '한 장 정리'부터 하려고 하는데 ①~⑤단계를 거치지 않고 한 장에 계획을 정리하려고 하면 굉장히 어렵게 느껴질 수밖에 없다. 왜냐하면 프로젝트 수업의 큰 흐름을 머릿속에 떠올리지 않았기 때문이다.

    한 장 정리를 할 때는 프로젝트 활동들을 순서에 맞게 나열하고, 각각의 활동에 활용된 교과의 차시들을 함께 정리해 두면, 다른 교과를 재구성하는 데 많은 도움이 된다. 이렇게 완성된 프로젝트 수업 계획서는 프로젝트 수업을 하는 기간 동안 내비게이션 역할을 하게 된다. 물론 계획서에 명시된 대로 활동이 되지 않을 것이다. 학생들의 프로젝트 수행 능력에 따라 시간이 더 걸릴 수도 있고, 금방 끝날 수도 있기 때문이다. 그렇지만 계획을 세웠기에 계획을 변경하는 것이 훨씬 수월하고, 계획이 변경되더라도 큰 방향성을 유지할 수 있으며 프로젝트 수업을 끝까지 수행할 수 있다.

단원의 지도 계획

단원	주제	주제별 주요 내용	차시	차시별 학습 활동	교과서 쪽수	지도서 쪽수
1. 국토와 우리 생활	단원 도입	단원 학습 내용 개관	1	단원 학습 내용 예상하기	6~9	30~41
	1 우리 국토의 위치와 영역	우리 국토의 위치와 영역을 알고 우리 국토를 구분하는 기준 살펴보기	2	우리 국토의 위치 알아보기	10~12	42~52
			3	우리나라의 영역 알아보기	13~15	53~59
			4	우리 국토를 사랑하는 마음 표현해 보기	16~18	60~68
			5	자연환경에 따라 우리 국토를 어떻게 구분하는지 알아보기	19~21	69~73
			6~7	우리나라 행정 구역의 위치 알아보기	22~25	74~81
	2 우리 국토의 자연환경	우리나라의 지형과 기후의 특징, 자연재해의 종류와 대책 탐색하기	8	우리나라의 지형 살펴보기	26~28	82~90
			9~10	우리나라 산지, 하천, 평야, 해안의 특징 알아보기	29~35	91~105
			11	우리나라의 기후 살펴보기	36~38	106~112
			12	우리나라 기온의 특징 알아보기	39~41	113~119
			13	우리나라 강수량의 특징 알아보기	42~46	120~128
			14~15	우리나라의 자연재해 알아보기	47~53	129~139
			16	자연재해의 피해를 줄이기 위한 노력 알아보기	54~58	140~148
	3 우리 국토의 인문 환경	우리나라의 인구 분포, 도시 발달, 산업과 교통의 발달 과정에서 나타난 특징 살펴보기	17	우리나라 인구 구성의 변화 살펴보기	59~63	149~159
			18	우리나라 인구 분포의 특징 알아보기	64~66	160~166
			19	우리나라 도시 발달의 특징 알아보기	67~69	167~175
			20	우리나라의 산업 발달 모습 살펴보기	70~72	176~180
			21	우리나라의 교통 발달 모습 살펴보기	73~76	181~188
			22	인문 환경의 변화에 따라 달라진 국토의 모습 살펴보기	77~79	189~195
	단원 정리	단원 학습 내용 정리	23~24	단원 학습 내용 정리 및 사고력 학습	80~85	196~201

[5학년 1학기 1단원 기존 단원 지도 계획2)]

---

2) 2015 국정 사회 지도서 (교육부)

5학년 1학기 사회 1단원 '지리' 프로젝트 계획

성취기준	차시	방법	재구성		평택에 적용
[6사01-01]우리나라의 위치와 영역이 지니는 특성을 설명하고이를 바탕으로 하여 국토 사랑의 태도를 기른다.	1	지식	프로젝트 도입		평택-국토 퀴즈 풀기
	2~3	지식	우리 국토의 위치		평택의 위치를 찾아라!
	4	지식	우리 나라의 영역		우리나라의 영토, 영공, 영해를 수호하는 평택!
[6사01-02] 우리국토를 구분하는 기준들을 살펴보고 시·도단위 행정구역 및 주요 도시들의 위치 특성을 파악한다.	5	지식	우리 국토 구분하기		평택은 어느 지역에 있을까?
	6~7		우리 나라의 행정 구역		
	8~9	탐구 가설 설정	우리나라 인구 분포의 특징 알기		평택의 인구가 증가하는 이유는?
[6사01-03]우리 나라의 기후 환경 및 지형 환경에서 나타나는 특성을 탐구한다.	10~11	탐구 가설 검증	<가설검증 ①-1> 지형과 인구분포의 관계 (산지, 하천, 평야)		
	12~15		<가설검증 ①-2> 지형과 인구분포의 관계 (해안)		
			미술 3단원 2차시	점토를 이용해 표현하기	
			우리나라 입체 지형도 만들기		
[6사01-05]우리 나라의 인구 분포 및 구조에서 나타난 변화와 도시 발달 과정에서 나타난 특징을 탐구한다.	16~17		<가설검증 ②> 일자리와 인구 분포의 관계		
	18~19		<가설검증 ③, ④> 편의시설, 교육, 교통과인구 분포의 관계		
[6사01-06] 우리나라의 산업 구조의 변화와 교통 발달 과정에서 나타난 특징을 탐구한다.	20	지식	우리나라 기후 살펴보기		평택이 겨울에 추운 이유는?
	21	탐구	우리나라 기온의 특징		평택과 울진, 어디가 더 따뜻한가?
	22	탐구	우리나라 강수량의 특징		평택이 여름에 비가 많이 오는 2가지 이유
	23~25	문제 발견1	우리나라(인구 구성) 특징		저출산, 고령화 사회, 평택은 현재 상황은?
			미술 3단원 2차시	디자인하기	
			평택 인구 정책 포스터 만들기		
[6사 01-04] 우리나라 자연재해의 종류 및 대책을 탐색하고 그와 관련된 생활 안전 수칙을 실천하는 태도를 지닌다.	26~27	문제 발견2	우리나라의 자연재해의 종류 알고 예방방법 알기		1) 평택에는 어떤 자연재해가? 2) 증가하는 자연재해, 우리는 잘 대비하고 있는가?
			창체 자율 1차시	재난안전교육	
	28~29	마무리	프로젝트를 마치며 [평가]		국토 지리정보를 이용한 평택 소개자료 만들기 (우리 평택은요)

재구성	사	미	창	
24차시 → 29차시	24	4	1	

[5학년 1학기 1단원 지리 프로젝트 계획]

7) 마중그림(이름, 표지) 만들기

프로젝트 수업 계획서가 완성되면 프로젝트 수업의 흐름이 한눈에 보이게 된다. 이제는 프로젝트 수업의 마중그림을 만들 차례다. 쉽게 말해 프로젝트 이름을 짓고 표지 그림을 만드는 것이다. 유튜브로 비유하면 섬네일(thumbnail)이라고 할 수 있다. 마중그림은 프로젝트 기간 내내 칠판에 붙어 있게 된다. 일종의 '단원' 역할을 하는 것이다.

마중그림은 A4 용지 크기로 만들면 되는데, 프로젝트 이름과 프로젝트와 관련된 그림을 책의 표지처럼 만들면 된다. 직접 손으로 그려도 되고, 인터넷의 여러 그림을 간단히 편집하여 만들어도 된다. 마중그림은 학생들의 흥미를 유발하고, 이는 곧 몰입도와 참여도로 연결되기에 중요도가 높다. 인디스쿨, 블로그 등 다양한 교육 자료를 참고하면 다양한 아이디어를 얻을 수 있다. 또 프로젝트 수업 첫 시간 후 아이들에게 프로젝트 이름과 표지를 공모받는 것도 하나의 방법이다. 아이들은 자신들이 참여하는 프로젝트 수업에 이름을 짓고 그림을 그려 봄으로써 참여도와 몰입도를 높일 수 있는 효과도 있다. 그리고 프로젝트 수업이 끝날 때 다음 후배를 위해 마중그림을 그려서 공모를 받는 것도 좋은 방법이다. 학생들은 프로젝트 활동을 직접 경험하였기에 다양한 아이디어를 낼 수 있으며, 후배들은 선배들이 직접 그렸다는 그 자체로 큰 흥미를 가지고 프로젝트에 참여하게 된다.

[프로젝트 마중그림 예시 자료]

8) 시각화 자료 만들기

프로젝트 계획의 마지막 단계는 프로젝트 수업을 하는 동안 교실에 게시해 둘 '시각화 자료'를 만드는 것이다. 시각화 자료를 만들어 교실에 게시해 두는 이유는 지금 하는 다양한 활동이 프로젝트 수업의 일환이며, 긴 시간 동안 놓치지 않고 프로젝트 학습을 수행할 수 있는 동기를 부여하기 위함이다. 프로젝트 수업은 1주 이상 진행되는 장기간의 학습이므로 꾸준히 실천하는 것이 중요하다. 학급의 상황에 따라 꾸준히 운영되지 못하거나 학생들의 몰입도가 깨지게 되면 프로젝트 수업을 끝까지 수행하는 것이 어렵게 된다. 시각화 자료를 만들어 교실에 잘 보이는 곳에 게시해 두면 꾸준히 지속할 수 있는 힘을 얻을 수 있다.

[⑦단계 마중그림 만들기]와 함께 병행하면 훨씬 수월하다. 마중그림을 칠판에 게시하고 시각화 자료를 마중그림 옆에 게시해 둘 수 있다. [호기심 천국 프로젝트]를 할 때는 마중그림 옆에 학생들이 만든 포스터를 프로젝트 기간 내내 붙여둔 적이 있다. [지리 프로젝트]를 할 때는 마중그림과 함께 활동 정리표를 한 장으로 만들어 게시해 두기도 하였다.

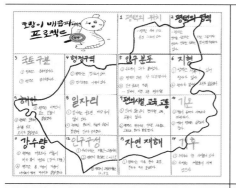

지리 프로젝트 시각화 자료	호기심 천국 프로젝트 시각화 자료

6.

프로젝트 수업은 블록 쌓기다

프로젝트 수업을 하다 보면 나만의 프로젝트 수업들이 블록처럼 쌓이게 된다. 또 프로젝트 수업은 학년군을 넘나들며 매년 활용될 수 있고, 이 과정에서 조금씩 다듬어지며 완성도가 높아진다. 이렇게 쌓인 프로젝트 수업들은 나만의 교사 교육과정이 되고, 기존의 프로젝트 수업들끼리 서로 연결되고 이어지면서 새로운 프로젝트로 나아가게 된다.

무언가를 만들기 위해서는 다양한 종류의 블록이 많이 있어야 한다. 블록이 많으면 서로 연결 지을 수 있으며, 이 과정에서 새로운 작품이 탄생하게 된다. 프로젝트 수업도 마찬가지이다. 프로젝트 수업을 하나씩 만들어 가다 보면 어느새 다양한 종류의 프로젝트 수업이 블록처럼 쌓이게 되고 교사 교육과정이 꾸려지게 된다.

교과 중심 프로젝트 수업	나만의 교사 교육과정	주제 중심 프로젝트 수업
환경		강의
칼림바		문집
세계		생태전환
수채화		계기 교육
인권		진로
지리		습관개선
역사학자		생명존중
글쓰기		친구사랑
토론		가족사랑
세계		첫만남

7.

아직도 프로젝트 수업 혼자 한다고?

프로젝트 수업에 대한 가장 큰 오해가 바로 '혼자서' 모든 준비를 해야 한다는 것이다. 혼자서 교과를 재구성하고 혼자서 자료를 만들어야 한다는 오해 때문에 프로젝트를 한다는 것에 큰 부담을 느끼는 경우가 많다. 프로젝트 수업의 경우 짧게는 1주, 길게는 한 학기 동안 이루어지며 차시로는 적어도 10차시 이상의 시간이 소요된다. 이러한 경우 모든 내용을 혼자서 준비한다는 것은 매우 힘들고 불가능에 가깝다. 왜냐하면 학교에서는 프로젝트 수업만 하는 것이 아니라 다른 교과 수업도 해야 하고, 생활지도 및 각종 행정 업무를 해야 하기에 물리적인 시간이 절대적으로 부족하다.

그래서 프로젝트 수업을 준비할 때는 인디스쿨 및 블로그 등 기존에 게시된 자료들을 최대한 활용하는 것이 효율적이다. 특히 프로젝트 수업과 관련된 아이디어를 얻거나 자료를 만들 때에는 다른 선생님들의 자료를 참고하는 것이 많은 도움이 된다. 그리고 좋은 자료들은 그대로 사용해도 된다. '무'에서 '유'를 창조하는 것이 아닌 '유'에서 '유'를 활용하는 것이다. 좋은 자료는 많이 써야 그 가치가 빛나는 것이고, 정작 활용한다고 해도 나만의 방법으로 재구조화되기에 더욱 의미가 있다. 아이들을 잘 가르치기 위해 사용하는 것이기에 부담 가지지 말고 좋은 자료를 많이 활용하자.

프로젝트 수업 이것만은 꼭

프로젝트 수업을 할 때 가장 중요한 첫 번째는 '일단 해 보는 것'이다. 학생들도 프로젝트 수행 능력이 길러져야 하지만 교사도 프로젝트 운영 능력이 길러져야 한다. 처음 시행하는 프로젝트 수업은 완벽하게 계획대로 진행되지 않으며 수많은 시행착오를 겪을 수밖에 없게 된다. 40분 수업을 할 때도 교사의 계획대로 되지 않은 경우가 다반수인데, 몇 주씩 이어지는 프로젝트 수업이 모두 교사의 계획대로 되는 것이 얼마나 어렵겠는가. 하지만 프로젝트 수업을 처음부터 끝까지 한 번 경험하게 되면 어느 부분에서 어려움이 있었는지, 어느 부분에서 계획을 유연하게 세워야 하는지 파악하게 된다. 이는 다음 프로젝트를 준비할 때에도 긍정적으로 영향을 주며 이 과정에서 교사의 프로젝트 운영 능력은 점차 향상된다.

두 번째 '시각화 자료'를 만드는 것이다. 프로젝트 수업을 하는 기간 동안 교실에 게시해 둘 자료가 반드시 있어야 한다. 그리고 이 자료에는 프로젝트 진행 정도를 나타낼 수 있는 내용이 표시되어 있어야 한다. 이렇게 만든 시각화 자료를 칠판에 붙여 두거나 교실 게시판 및 옆면에 게시해 두고 프로젝트 기간 내내 진행 정도를 표시하면서 활용한다면 긴 호흡의 프로젝트 수업을 무사히 끝마칠 수 있다.

세 번째는 '결과물 정리 방법'이다. 프로젝트 수업을 하면 수많은 활동을 하게 되고 그 결과 많은 양의 학습지, 활동 자료, 학습 결과물들이 쏟아지게 된다. 이를 어떻게 정리할지를 사전에 생각해 두고 확실하게 정해 두어야 한다. 프로젝트 수업 전용 클리어 파일을 구비하여 순서대로 모으든지, 줄 공책에 정리하고 사이사이에 학습지를 모아 둘 것인지, 삼공 펀치로 학생마다 결과물을 모을 것인지 등 방법을 생각해 두어야 한다.

가장 많이 쓰는 방법은 ① 학습 내용을 줄 공책에 적고 ② 프로젝트 활동지는 줄 공책에

붙이거나 클리어 파일에 모아 두는 것이다. 결과물 정리 방법만 확실하게 정해 두고 실천하여도 프로젝트 수업이 상당히 매끄럽게 진행되고, 시간이 지날수록 누적되는 결과물에 교사도, 학생들도 뿌듯함을 느끼게 된다.

네 번째는 '학습 결과물 정기적 확인'이다. 프로젝트 수업의 매 차시를 마칠 때마다 학생들의 학습 결과물을 정기적으로 확인하고 피드백하는 것이 상당히 중요하다. 왜냐하면 이는 학생들이 프로젝트 수업에 몰입할 수 있도록 만들고, 프로젝트 수업이 단순한 흥미 활동이 아닌 학습이 일어나는 의미 있는 활동이라는 것을 인식하기 위함이다. 학습을 잘 수행한 학생들의 결과물을 예시로 들어 주고, 잘한 점들을 언급해 주면 학급의 학생들은 어떻게 하는 것이 잘 수행한 것인지를 인지하게 되어 훨씬 효과적인 학습이 일어나게 된다. 프로젝트 수업의 호흡이 길다 보니 학습 결과물을 몰아서 확인하려고 하면 양이 지나치게 많아 효과적인 피드백이 어렵고, 피드백의 중요한 요소인 즉시성이 떨어지기 때문에 프로젝트 수업에 대한 학생들의 몰입도가 낮아지게 된다. 이는 곧 프로젝트 수업을 끝까지 운영할 수 있는 요소와 직결되는 것이기 때문에 학습 결과물을 정기적으로 피드백해 주는 것은 매우 중요하다.

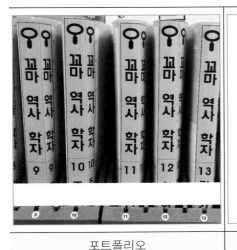

칭찬한 날	년 월 일 요일(번째)
칭찬 상황은?	
칭찬한 말은?	
부모님의 반응은?	
오늘 칭찬활동에 대한 소감은?	

포트폴리오	활동지

앞에서 언급한 프로젝트 수업 계획 8단계 모델은 프로젝트 수업을 처음 접하는 교사를 위한 모델이다. 프로젝트 수업을 계획하거나 실천해 본 경험이 많은 교사라면 오히려 이 8단계가 어색할 수 있다. 한 장 정리를 하지 않아도, 핵심 활동 루틴을 정하지 않아도 프로젝트 수업은 어떠한 방법으로든 실천할 수 있다.

[블록 쌓기: 설계하기]

프로젝트 수업 계획하기 8단계	블록 쌓기 TIP
① 굳이 프로젝트 수업을 해야 하는 이유 찾기	1) 내용이 너무 많아 그냥 가르치는 것이 더 어려울 때 2) 여러 교과에 공통된 학습 내용이 겹쳐서 등장할 때
② 방법 정하기 (교과 중심 VS 주제 중심)	1) 교과 중심 – 중심 교과 + 뒷받침 교과 2) 주제 중심 - 여러 교과 내용에서 공통적으로 나오는 하나의 큰 주제를 중심으로
③ 중심 교과 정하기 + 성취 기준 분석하기	성취 기준에서 [가르칠 내용] + [가르칠 방법] 찾기
④ 활동 브레인스토밍	**[방법 1] 중심 교과의 차시 내용별 폴더 만들기** 1. 교과서 차시 내용별로 폴더를 하나씩 만들기 2. 인터넷의 여러 자료들을 훑어보며 자료 다운 3. 다운받은 교육 자료를 하나씩 정독 및 재구성 **[방법 2] 프로젝트 수업 기획안 작성하기** 1. 프로젝트 주제와 관련된 하고 싶은 활동 적기 2. 다른 교과의 교육과정에서 (1)에서 떠올린 활동들을 적용할 수 있는 단원, 차시 찾기 3. 기획안 작성하기
⑤ 핵심 활동 및 루틴 정하기	1) 첫 차시 – 도입 활동 2) 마지막 차시 – 마무리, 결과물 전시·발표 방법 3) 주된 활동 루틴
⑥ 한 장 정리	성취 기준, 차시별 학습 활동, 재구성 내용, 관련 교과, 수업 방법
⑦ 마중그림(이름, 표지) 만들기	1) 인디스쿨, 블로그 참고하기 2) 첫 차시 후 학생들에게 공모하기 3) 마지막 차시 후 학생들에게 공모하기 (다음 프로젝트 시 마중그림으로 활용)
⑧ 시각화 자료 만들기	프로젝트 기간 동안 교실에 게시해 둘 시각화 자료

2부

읽으면서 바로 써먹는
PBL 프로젝트 실천법

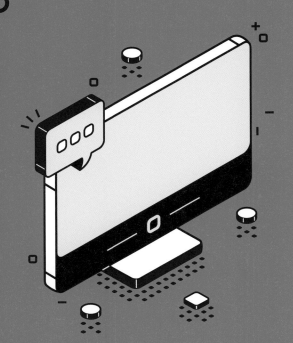
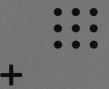

1~2학년군 프로젝트 수업

1) 스·머·프 가족 사랑 프로젝트

"매년 돌아오는 가정의 달, 쉽고 감동적인 프로젝트는 없을까?"

(1) 계획하기

① 굳이 프로젝트 수업을 해야 하는 이유 찾기

5월은 가정의 날이다. 학교에서도 가정의 날 활동으로 다양한 활동을 한다. 하지만 아무 계획 없이 좋아 보이는 활동만 골라서 하다 보면 교과서 진도를 맞추느라 허덕이게 된다. 이것은 바로 내 경험이다. 어버이날을 기념하기 위해 선생님들이 하는 활동은 다양하다. 삶은 달걀을 하루 동안 품어 엄마가 아이를 품고 있는 경험을 해 볼 수도 있고, 부모님께 어버이날에 쓸 수 있도록 다양한 효도 쿠폰을 제작할 수도 있다.

다양한 활동이 있지만, 그중에서도 어버이날 부모님을 직접 관찰하고, 부모님이 하는 집안일을 도우면서 어버이날을 기념할 수 있는 프로젝트가 있다. 바로 스·머·프 가족 사랑 프로젝트다. 여기서 '스·머·프'란, 스피드 있게 머슴처럼 비밀로 집안일을 수행하는 프로젝트의 줄임말이다. 이 프로젝트는《엄마, 힘들 땐 울어도 괜찮아》라는 책을 쓰신 김상복 선생님의 수행평가에서 시작된 프로젝트다. 나는 이 프로젝트를 행복 교실에서 5월 '행·가·프'라는 행복한 가족 프로젝트를 배우고 내 방식대로 수정해서 활용했다. 내가 처음 이 프로젝트를 실행했을 때는 학생들이 어버이날을 위해 다양한 활동을 경험하는 것에 초점을 맞췄다. 하지만 본질은 많은 활동이 아니라 가족의 소중함, 감사함을 깨닫고 따뜻한 말 한마디, 남을 도울 수 있는 행동을 한 번이라도 더 해 보는 것이다. 또 이 프로젝트는 각 학년군에서 성취 기준을 찾아 쉽게 실행할 수 있는 프로젝트다. 1~2학년에서는 창체와 연계할 수 있고, 3~4학년에서는 도덕 교과와 연계할 수 있다. 5~6학년군에서는 실과와 연계할 수 있다.

② 방법 정하기 (주제 중심 프로젝트 수업)

이 프로젝트는 주제 중심 프로젝트다. 내가 함께 살고 있는 가족에 대한 감사함, 소중함을 일깨울 수 있는 활동이기 때문이다. '가족 사랑'이라는 하나의 큰 주제로 비밀 일기 쓰기와 집안일하기, 부모님을 위한 악기 연주하기 등의 활동이 하나로 묶인다. 그중에서도 중심 활동은 크게 두 가지다. 첫째, 부모님께 감사 또는 칭찬의 말 건네고 부모님 반응과 내 소감 쓰기. 둘째, 내가 할 수 있는 집안일을 찾아 수행하고 소감 남기기. 이 프로젝트의 경우 해야 하는 활동이 정해져 있다. 필요한 경우 두 가지 중심 활동에 편지 쓰기, 부모님을 위한 악기 연주 등의 활동을 추가해서 진행하면 된다.

③ 중심 교과 정하기 + 성취 기준 분석하기

성취 기준	가르칠 내용	가르칠 방법	수업 방법
2국01-02	바르고 고운 말로 서로의 감정을 나누며	듣고 말한다.	실습
2국01-04	자신의 경험이나 생각을 바른 자세로	발표한다.	
2국03-04	겪은 일을 표현하는 글을 자유롭게	쓰고	글쓰기
	쓴 글을 함께	읽고	
	생각이나 느낌을	나눈다.	
2국06-02	일상의 경험과 생각을 글과 그림으로	표현한다.	글쓰기
2바01-03	가족이나 주변 사람을 배려하며	관계를 맺는다.	실습

[1~2학년군 성취 기준 분석표 (2022개정 교육과정 기준)]

성취 기준	가르칠 내용	가르칠 방법	수업 방법
4도02-01	효, 우애의 **의미와 필요성**을 명료하게	**이해**하고	실습
	가족의 행복을 위해 **할 수 있는 일**을 정해	**탐색**하여	
	실천 계획을	**세운다.**	

1. 1~2학년군 프로젝트 수업

		내용	방법	활동
4국04-04	글과 담화에 쓰인 높임 표현과 지시·접속 표현을	**이해**하고	글쓰기	
	상황에 맞게	**표현**한다.		
4국03-04	목적과 주제를	**고려하여**		
	독자에게 마음을 전하는 글을	**쓴다.**		

내용	방법	활동
1. 가족 간 서로 감사한 마음 가지기 2. 가족 간 해야 할 일 함께하기	실습	- 부모님께 칭찬하기 - 집안일 함께하기
3. 높임법을 알고 언어 예절 맞게 사용 4. 읽는 이 고려하여 마음 표현하기	글쓰기	부모님께 편지쓰기

[3~4학년군 성취 기준 분석표 (2022개정 교육과정 기준)]

④ 활동 브레인스토밍

스·머·프 가족 사랑 프로젝트에서 중요한 것은 학생들이 이 프로젝트를 왜 해야 하는지를 납득시키는 도입 과정에 있다. 프로젝트의 필요성을 느끼지 못하면 학생들의 참여도가 급격히 떨어지기 때문이다. 따라서 이 활동에서는 동기 유발을 잘하는 것이 중요하다. 동기 유발로 가장 많이 활용하는 자료는 김상복 선생님이 출판한 《엄마, 힘들 땐 울어도 괜찮아》 만화를 함께 소리 내어 읽는 것이다. 만화이므로 글과 그림이 함께 있고 친구들이 역할을 나눠서 읽으면 몰입도가 올라간다. 더군다나 인터넷에 올라와 있는 링크 자체에 잔잔한 음악도 삽입되어 있어 학생들이 글에 몰입하기 쉽다.

동기 유발 활동으로 그림책을 활용할 수도 있다. 추천하는 그림책으로는 《고양이 손을 빌려드립니다》, 《모든 가족은 특별해요》, 《새로운 가족》, 《토라지는 가족》 등이 있다. 이렇듯 시중에는 가족과 관련된 그림책이 굉장히 많다. 교실 상황에 적합한 그림책을 골라 읽으며 나에게 가족은 어떤 의미인지 생각해 보고 이야기 나눠 보는 시간을 갖는 것도 좋다.

이어지는 활동 중 가장 중요한 활동은 칭찬 일기를 쓰기 전에 '칭찬하는 법'을 미리 연습하는 것이다. 학생들은 생각보다 칭찬하고 칭찬받는 것에 익숙하지 않다. 저학년일수록 학생들이 많이 하는 칭찬은 거의 외모에 대한 칭찬이다. 따라서 다양한 칭찬 표현 방법을 익히고 연습해 보는 것이 필요하다. 이때 친구들과 함께 칭찬 연습 놀이를 하며 자존감을 높이는 방법

1부

2부

3부

1. 1~2학년군 프로젝트 수업

이 유용하다. 간단히 소개하자면 색종이를 보석 모양으로 접는다. 학생들에게 다음과 같은 질문을 던진다. "내가 친구 또는 선생님에게 듣고 싶은 말은?" 질문에 대한 학생들의 다양한 답변을 칠판에 써 두고 음악을 튼 뒤 돌아다니면서 친구를 만나 듣고 싶은 말을 서로 주고받는다. 친구에게 들은 말을 보석 종이에 적어 기록한다. 서준호 선생님의 토닥토닥 스티커를 활용해 응원의 말을 말하며 친구의 보석에 붙여 주는 방법도 있다.

학교에서 문화 예술 수업이 진행되고 있다면, 그 수업과 연계하여 악기 연주를 연습하는 활동도 좋다. 예를 들어, 우리 학교 2학년 학생들은 오카리나를 배운다. 3학년 학생들은 리코더를 배운다. 그럼 그 악기를 가지고 "어버이 은혜"를 4월 한 달 동안 미리 연습하는 것이다. 학생들이 열심히 연습한 곡을 어버이날 당일에 부모님께 연주해 드리면 그 감동은 배가 된다. 학생 개별이 연주하기 어렵다면 단체로 연습하는 영상을 찍어 학급 게시판이나 알림장에 올려 줄 수도 있다.

⑤ 핵심 활동 및 루틴 정하기

스. 머. 프 가족 사랑 프로젝트		교과 중심
도입	주된 활동 루틴	마무리

<동> 엄마, 힘들 때 울어도 괜찮아 책 읽기
<1> 비밀 칭찬 일기 쓰는 방법 알기
<2> 친구에게 칭찬 연습하기
<3> 어버이날 드릴 칭찬 선물 계획하기
<정> 오늘 집에 가서 할 칭찬 표현 선택하기
	1. 집에서 부모님께 해드린 칭찬, 집안일 떠올리기
	2. 워크북에 비밀 칭찬, 비밀 집안일 일기 쓰기
	3. 비밀 칭찬 일기 발표하기(또는 교사가 사연 라디오처럼 읽어 주기)
	4. 내일 할 칭찬 표현, 집안일 선택하기
		<결과물>
		비밀 칭찬 일기가 모인 워크북
		< 활 동 >
		1. 비밀 칭찬 일기 모으기
		2. 워크북 꾸미기
		  - 카네이션 접기
		  - 편지 쓰기
		  - 상장 꾸미기
		3. 부모님의 답신 확인하기

⑥ 한 장 정리

차시	활동 계획	활용 차시
1-2 (도입)	1. 비밀 칭찬 일기 쓰는 방법 알기 2. 친구에게 칭찬 연습하기 3. 오늘 집에 가서 할 칭찬 표현 선택하기	**[도덕 3단원 2차시]** 가족과 행복하게 지내기 위한 실천 익히기 **[도덕 3단원 4차시]** 행복한 가정을 만들기 위한 실천 의지 다지기
3-4 (수시)	1. 워크북에 비밀 칭찬 일기 쓰기 2. 비밀 칭찬 일기 발표하기 매일 10~20분 정도의 자투리 시간을 활용해 다 같이 쓰는 것이 가장 효과적이다.	**[국어 3단원 3-4차시]** 높임 표현을 사용하는 방법을 안다.
5-7 (마무리)	1. 비밀 칭찬 일기 모으기 2. 카네이션 접어 워크북 꾸미기	**[국어 4단원 8~9차시]** 마음을 담아 편지를 쓸 수 있다. **[창체 1차시]** 가정의 달 계기 교육

[스·머·프 가족 사랑 프로젝트 한 장 정리표 (2015 3학년 교과서 기준)]

⑦ 마중그림(이름, 표지) 만들기

프로젝트를 시작하기 앞서 프로젝트의 이름을 짓는 데 공을 들였다. 사실 행복교실이라는 공부모임에서 처음으로 행복한 가족 프로젝트(줄여서 행·가·프)를 시작했을 때는 '행·가·프'라는 명칭을 쭉 이어서 사용해 왔다. 그러던 중 아이들에게 프로젝트에 대한 애착을 한 스푼 심어 주려는 생각에 프로젝트 이름 공모전을 실시하게 되었다. '스·머·프'라는 프로젝트 명칭은 내가 6학년 실과 교과를 중심으로 프로젝트를 진행할 때 공모에서 당선된 명칭이다. 이 명칭의 공모를 진행할 때 크게 3가지 핵심이 들어가게 이름을 짓도록 했다. 첫째, 가족 사랑, 가족의 소중함을 기반으로 할 것. 둘째, 가정일을 하는 의미를 담을 것. 셋째, 명칭이 길어도 되나 부르기 쉽게 단순한 명칭일 것. 이 3가지 조건을 바탕으로 다양한 의견이 나왔고, 그중 스피드 있게 머슴처럼 집안일을 수행하는 비밀 프로젝트라는 뜻을 담은 '스·머·프'가 아이들의 가장 많은 표를 얻어 탄생하게 되었다. 학생들과 함께 이름을 짓다 보면 톡톡 튀는 재밌는 아이디어를 많이 얻을 수 있다.

⑧ 시각화 자료 만들기

칭찬한 날	년 월 일 요일(번째)
칭찬 상황은?	
칭찬한 말은?	
부모님 반응은?	
내 소감은?	

▶ 저·중학년 장기간 활용 버전

1) 활용 기간: 4월 2~3주간 진행
2) 내용: 칭찬 표현 예시, 부모님께 하는 인사말, 칭찬 상황, 칭찬한 말, 부모님 반응, 나의 소감을 넣은 워크북
3) 방법: 집에서 칭찬하고 집안일을 한 뒤 학교에 와서 워크북에 다 같이 기록. 잘 쓴 내용은 발표 또는 교사의 사연 라디오를 통해 함께 읽어주며 공유하기.

<장점>
- 긴 시간 동안 가족을 관찰하고 칭찬 표현연습하고 집안일을 하며 좋은 습관을 형성할 수 있음.

<단점>
- 학생들이 활동을 까먹고 쓰지 않을 경우, 비어 있는 공간이 많이 생김. 공간이 많을 경우, 안 쓴 부분은 잘라서 제외하고 줄 수 있음.

[행복한 가족 만들기 프로젝트 학년별 시각화 자료(저·중학년)]

	▶ **고학년 단기간 활용 버전**

성취기준

[6실03-05] 가정일을 담당하고 있는 가족원들의 역할을 탐색하고 가정생활에 미치는 영향을 이해한다.

[6실03-06] 자신의 위치에서 할 수 있는 가정일을 찾아 계획하고 실천한다.

학부모님께 ★

이번 단원에서는 학생들이 가정일의 중요성을 알고 직접 계획하여 실천하는 활동을 하려고 합니다. 이를 위해서 가정의 협조가 꼭 필요합니다. 가정에서 함께 소통할만한 질문 목록을 같이 보내오니 학생들과 대화를 나눠 보시고 학생들의 가정일 미션 실천 후 부모님의 소감을 적어서 학교로 다시 보내주시면 감사하겠습니다. :)

함께 소통할만한 질문 목록 예시

00아 우리집에서 집안일을 가장 많이 하고 있는 사람은 누구인것 같니?

00아 언제 집안일을 하는게 가장 힘들었니? / 꾸준히 실천했니?

집안에서 집안일을 함께 나눠서 해보니 좋은 점은 무엇일까?

학부모님 소감

1) 활용 기간: 기한을 정하지 않고 학생들이 일주일 등의 짧은 기간에 활용할 경우 활용
2) 내용: 성취 기준, 학부모님께 전하는 말, 함께 할 집안일 예시 목록, 학부모님의 소감
3) 방법: 내가 하고 싶은 집안일을 미리 정해 포스트잇에 쓴 뒤 활동지 맨 밑에 부착하고 직접 실행하기 실행이 끝난 뒤 학습지의 학모님 소감란에 부모님 소감 받아오기.

<장점>

굳이 어버이날이 아니더라도 집안일을 하거나 칭찬을 하며 가족에 기여할 수 있음.

<단점>

시간을 정해 놓고 쓰지 않는 경우, 교사의 검사 시간이 별도로 없는 경우, 학생의 참여도가 떨어진다는 단점이 생김.

[행복한 가족 만들기 프로젝트 학년별 시각화 자료(고학년)]

[블록 쌓기: 설계하기]

프로젝트 수업 계획하기 8단계	블록 쌓기 TIP
① 굳이 프로젝트 수업을 해야 하는 이유 찾기	1) 가족의 소중함, 일상에서의 감사함을 표현하고 남을 돕는 행동을 가정에서부터 실천하는 연습을 할 수 있음. 집안일을 통해 '**햄퍼스 하이**[3]'를 경험할 수 있음. 2) 학생과 부모님에게 의미 있는 경험
② 방법 정하기(교과 중심 VS 주제 중심)	주제 중심 프로젝트로 실과의 가정생활을 주요 성취 기준으로 하되 국어, 미술 등의 교과와 창체를 활용하여 특정 기간 동안 프로젝트를 진행함.
③ 중심 교과 정하기+성취 기준 분석	1~2학년의 경우 통합 교과 시간을 활용하되, 글쓰기 친구의 칭찬 일기 공유하기 등의 시간은 국어 교과 시간을 활용함.
④ 활동 브레인스토밍	**[방법 1] 중심 교과의 차시 내용별 폴더 만들기** 1. 교과서 차시 내용별로 폴더를 하나씩 만들기 2. 인터넷의 여러 자료를 훑어보며 자료 다운 3. 다운받은 교육 자료를 하나씩 정독 및 재구성

---

3) 미국의 내과의사 앨런 룩스(Allan luks)가 《선행의 치유력(2001)》라는 책에서 최초로 사용한 단어로 남을 도왔을 때 남을 도우면서 혹은 돕고 나서 신체적 정서적 포만감을 느끼게 되는 것. 한마디로 남을 도왔을 때 정신적, 신체적으로 기분이 좋아지는 현상. (출처 - 위키백과)

1부

2부

3부

⑤ 핵심 활동 및 루틴 정하기	1) 동기 유발 활동으로 《엄마, 힘들 땐 울어도 괜찮아》 함께 읽기 2) 칭찬 연습하기 3) 집안일의 종류 마인드맵 하기 4) 매일 함께 쓰고 다 같이 공유하기 5) 가족들의 피드백 살펴보기
⑥ 한 장 정리	39쪽 스·머·프 한 장 정리표 참고하기
⑦ 마중그림(이름, 표지) 만들기	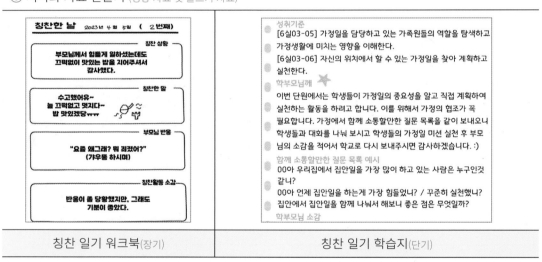

⑧ 시각화 자료 만들기 (영상 자료 및 글쓰기 자료)

칭찬 일기 워크북(장기)	칭찬 일기 학습지(단기)

(2) 실천하기

① 도입 활동 – 사진, 도서 《엄마, 힘들 땐 울어도 괜찮아》 활용

스.머.프의 도입 활동으로는 《엄마, 힘들 땐 울어도 괜찮아》라는 책을 사용했다. 그림과 글이 있는 만화 형식의 책으로 학생들도 쉽고 재밌게 읽을 수 있는 책이다. 온라인에도 일부가 공개되어 있어 동기 유발 자료로 활용했다.

동기 유발 – 도서 활용(표지 출처 - YES24)	활용법
	1) 《엄마, 힘들 땐 울어도 괜찮아》 일부 자료 읽기. - 번호를 뽑아서 일부 사례를 함께 읽는다. - 소감을 나눈다. 2) 삽화 속 인물의 표정, 감정을 느끼며 행복한 가족 프로젝트의 의미와 취지에 대해 이야기하기 3) 프로젝트의 7대 기본 원칙에 대해 설명하기 - 비밀, 무대가, 세심한 관찰, 표현법 향상, 용기, 배우는 자세, 자연스러움

② **전개 활동 – 프로젝트 워크북 함께 쓰기**

이 프로젝트의 주된 활동 루틴은 학교에서 미리 선택한 칭찬과 집안일을 집에서 실천하고 학교에 와서 워크북에 적는 것이다.

이를 위해서는 두 가지 활동이 미리 선행되어야 한다. 첫 번째 활동은 바로 칭찬 연습이다. 아이들은 생각보다 칭찬에 익숙하지 않다. "칭찬을 들어본 적이 있나요?", "주로 어떤 칭찬을 들어 봤나요?"라고 질문하면 "잘한다.", "예쁘다.", "멋지다." 같은 단순한 칭찬 표현을 들어 봤다고 한다. 따라서 이 프로젝트를 시작하기에 앞서 다양한 칭찬 표현을 살펴보고 친구와 선생님에게 연습해 보는 활동이 필요하다. 아주 간단한 활동이지만 이 활동을 통해 다양한 칭찬 표현도 배울 수 있고, 아이들의 자존감도 높일 수 있다.

두 번째로 꼭 필요한 활동은 집안일의 여러 가지 종류를 아는 것이다. 아이들이 알고 있는 다양한 집안일을 마인드맵으로 같이 정리해 보고, 그중에서 내가 할 수 있는 일을 찾아보는 것이 필요하다. 집안일을 해야 한다고 하면 거창한 것만 생각하는 아이도 있고, 생각보다 부모님이 집안에서 집안일을 못 하게 하신다고 이야기하는 학생들도 많다. 따라서 거창한 집안일, 중요한 집안일이 아니더라도 내가 할 수 있는 작은 집안일을 찾아 가정에 기여하는 경험을 하는 것이 중요하다.

이렇게 준비를 마쳤으면 이제 매일 실천하고 워크북을 작성하면 된다. 이 프로젝트가 단순한 활동 같아 보이지만 비밀로 진행하는 활동이기에 주의가 필요하다. 알림장에도 이 프로젝트의 명칭을 직접 언급하지 않고 다른 이름으로 활용하는 용의주도함이 필요하다. 그리고 까먹는 학생들이 있기 때문에 매일 같이 쓰는 시간을 마련하여 워크북을 작성하는 것이 도움이 된다. 수업을 하고 남는 자투리 시간을 활용하거나 창체, 국어 시간 10~20분을 할애하면 된다.

여기서 한 걸음 더 나아가서 워크북을 작성하고 모은 뒤 잘된 학생들의 일화를 사연 라디오처럼 들려 주면 효과가 더 좋아진다. 내가 해 보지 않은 칭찬 표현도 배울 수 있고, 내가 하지 않은 집안일도 알 수 있게 된다.

③ 정리 활동 – 평가하기

자기 평가 및 동료 평가	표지 꾸미기(카네이션 접기)	역할극
1. 자기 평가 - 프로젝트 자료를 돌아보며 내가 잘한 부분, 워크북 쓰기를 통해 느낀 점, 참여도의 성실성 여부를 체크한다. **2. 동료 평가** - 친구들의 프로젝트 워크북을 읽어 보며 잘된 부분을 확인하고 성실성, 표현력, 등 기준에 대해 살펴보고 서로 피드백한다.	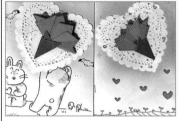 - 최종 완성된 워크북 위에 색지로 표지를 추가하고 도일리 페이퍼와 색종이를 활용하여 카네이션을 접어 표지를 꾸민다.	칭찬 상황 / 밥 먹는 상황 (책상에 온 가족이 둘러 앉는다.) 내 대사 / "엄마 밥을 맛있게 해주셔서 감사합니다." 부모님 반응 / "우리 OO이 맛있게 많이 먹어~" 추가 역할 (화분) / 화분이 식탁 옆에 팔 돌고 있기 (행동만 해도 OK) 추가 역할 (동생) / "나도 더 먹을래!" - 친구들의 프로젝트 워크북을 읽어 보고 재밌는 일화 또는 인상 깊은 장면을 선정하여 역할극으로 정해서 시연해 본다.

[블록 돌아보기: 성찰과 성장]

「스.머.프」를 준비하는 데는 시간과 노력이 필요하다. 하지만 준비를 잘해 두고 위의 단계별로 꾸준히 실행하다 보면 좋은 결과물을 얻게 된다. 학생들과 학부모의 만족도가 항상 높았던 프로젝트 중 하나이다. 하지만 이 프로젝트를 준비하면서 걱정했던 부분 중 하나는 세상에는 다양한 형태의 가족이 존재한다는 것이다. 일반적으로 부모님이라고 하면 엄마와 아빠를 떠올린다. 하지만 이혼율이 갈수록 높아지는 상황에서 한 부모 가정이나 할머니, 할아버지와 사는 조부모 가정이 존재한다. 그래서 이때 학생들에게 이 프로젝트를 할 때의 강조점을 부모님으로 잡으면 상처받을 수 있는 친구들이 있다. 따라서 학생들이 자신의 가족을 위해서 이 활동을 한다는 것을 상기시켜 주는 것이 필요하다.

또 앞에서도 강조했듯이 이 프로젝트를 2주간 꾸준히 실천하려면 함께 쓰고 함께 공유하는 시간이 필수적이다. 아무리 앞에서 동기 유발을 해도 아이들은 시간이 지나면 활동에 대한 흥미를 잃어버리곤 한다. 따라서 매일 일정한 시간에 함께 쓰고, 잘된 사례를 공유하며, 친구들에게 배우는 시간이 필요하다. 이 프로젝트는 마지막까지 중요하다. 활동이 끝난 뒤에 워크북 맨 뒷장에는 가족에게 피드백을 받는 기입란이 있다. 이때 꼭 피드백을 받아 답장으로 읽어 주면 학생들이 프로젝트를 잘 끝마쳤다는 뿌듯함을 교사도 함께 느낄 수 있다.

[블록 연결하기: 에듀테크 활용법]

부모님께 전하는 롤링페이퍼

행복한 가족 프로젝트는 전 학년에서 활용 가능하다. 1학년부터 6학년까지 모두 할 수 있는 프로젝트다. 다만 저학년에서 적용해야 할 때는 교사의 예시와 지속적인 확인이 필수적이다. 고학년으로 갈수록 하고자 하는 의지가 낮아질 수 있으므로 확실한 동기를 유발하는 것이 필요하다. 디지털 기기 활용이 편한 고학년의 특성을 고려해 롤링페이퍼 앱을 활용할 수도 있다. 롤링페이퍼 앱은 원래 생일 축하 메시지를 온라인으로 쓸 때 활용할 수 있는 앱이다. 휴대전화에서도 쉽게 사용할 수 있다는 장점이 있다. 사용법은 간단하다.

1. rollingpaper.site에 들어간다. 로그인을 한다. 카카오톡에서 인증을 받고 시작할 수도 있고, 이메일로 인증을 받은 뒤 시작할 수도 있다.

2. 로그인을 한 뒤에는 롤링페이퍼 시작하기 버튼을 누른다.

3. 원하는 테마를 정한다.

4. 연필 버튼을 눌러 글을 작성한다. 글을 쓸 때는 해당 날짜를 쓴 뒤 글을 작성해야 한다. 칭찬이나 감사 글을 작성한 뒤 글을 추가해서 계속 늘려 나갈 수 있다.

5. 그림 모양 얼굴을 클릭하면 다양한 스티커도 붙일 수 있다.

6. 작성을 마친 뒤에는 링크를 복사하여 보내고자 하는 사람에게 쉽게 공유가 가능하다.

2) 함께 Green 지구 프로젝트

"환경보호 프로젝트, 학교 교육과정과 연계하려면?"

(1) 계획하기

① 굳이 프로젝트 수업을 해야 하는 이유 찾기

2024학년도부터 1~2학년은 2022 개정 교육과정 교과서로 바뀌었다. 그에 따라 새롭게 교육과정을 구성해야 했다. 올해 바뀐 2학년 통합 교과서를 살펴보면 영역 명이 새롭게 바뀌었다. '우리는 누구로 살아갈까', '우리는 어디서 살아갈까', '우리는 지금 어떻게 살아갈까', '우리는 무엇을 하며 살아갈까' 등이 바로 그것이다. 활용하는 통합 교과의 이름도 크게 바뀌었다. 2학년 통합 교과서의 명칭은 다음과 같다. 1학기는 나, 마을, 자연, 세계 2학기는 계절, 인물, 물건, 기억이다. 그중에서도 가장 눈길이 갔던 교과는 단연 '자연'이었다. 자연은 말 그대로 인간과 함께 공생하는 '자연'을 다루는 교과였기 때문이다. 심각한 기후 위기로 지구촌 문제가 많이 발생하고 있는 지금, 이 프로젝트를 통해 2학년 학생들도 환경에 대한 감수성을 기르고, 교육과정에 활동을 녹여 내어 운영해 보고 싶었다. 이와 더불어 학교에서 진행하는 여러 가지 행사를 프로젝트와 연결하여 하나의 큰 프로젝트를 운영하고 싶었다.

② 방법 정하기 (교과 중심 프로젝트 수업)

프로젝트를 진행할 때 어려운 점 중에 하나는 프로젝트와 교과 진도가 따로 진행될 때이다. 프로젝트는 프로젝트대로, 교과는 교과대로 진행하게 되면 결국 프로젝트에 대해 부정적인 시각이 생긴다. 그래서 이번 프로젝트에서는 무엇보다도 교육과정상 교사들이 꼭 해야 하는 학교 행사를 연계해 운영해 보고 싶었다.

특히 학교에는 수업 시간에 진행되는 교육과정 이외에도 학생들이 기다리고 좋아하는 다양한 행사가 있다. 우리 학교에서 1학기에 해야 하는 중요한 행사는 크게 2가지가 있다. '현장 체험학습'과 '운동회'가 바로 그것이다. 그래서 이 두 개를 프로젝트와 연결해야겠다고 마음먹었다. '자연', '환경 감수성'과 연계한 체험학습 장소로 여주의 곤충박물관을 선택했다. 이곳에서 아이들은 다양한 곤충을 살펴보고 직접 만져 볼 수 있다. 또 이곳에 다녀온 경험을 평가에 적용할 수도 있다. 경험한 일을 쓰는 국어 교과와 연계하여 평가까지 진행할 수 있는 것이다. 또 한 가지 중요한 행사는 '운동회'였다. 학교마다 운동회 시기가 다르지만 우리는 1학기에 운동회를 하게 되었다. 그래서 1학기 운동회에서 학생들이 환경 감수성을 키울 수 있는 활동을 추가했다. 보통 운동회를 하면 간식을 먹는다. 그런데 이때 먹는 간식이 제대로 분리되지 않고 버려지는 경우가 많다. 그래서 이 버려지는 쓰레기를 환경에 이로운 방법으로 어떻게 분리 배출하고 연습할 수 있을까를 고민했다.

아무래도 저학년 학생들과 프로젝트를 하려면 다양한 경험을 가지고 있는 교사가 주도하게 된다. 저학년 학생들은 경험의 폭이 좁기 때문이다. 다양한 아이디어를 가지고 교사가 주도하되 학생들에게도 선택권을 주거나 아이디어를 제안받아 적용하면 학생들의 적극성은 더더욱 올라간다. 그래서 이번 프로젝트는 통합 교과의 '자연'을 중심으로 하되 활용 가능한 교과를 접목하여 운영하기로 했다. 주제 중심 프로젝트인 동시에 교과 중심 프로젝트가 된 것이다.

③ 중심 교과 정하기 + 성취 기준 분석하기

성취 기준	가르칠 내용	가르칠 방법	수업 방법
2바01-04	생태 환경에서 더불어 살기 위해	노력한다.	탐구
2슬01-04	사람과 자연, 동식물이 어우러져 사는 생태를	탐구한다.	
2즐01-04	우리를 둘러싼 자연의 아름다움을	감상한다.	실습
2국03-04	겪은 일을 표현하는 글을 자유롭게	쓰고	글쓰기 발표
	쓴 글을 함께	읽고	
	생각이나 느낌을	나눈다.	
2국05-02	작품을	듣거나 읽으면서	
	느끼거나 생각한 점을	말한다.	
2수04-01	여러 가지 사물을 정해진 기준 또는 자신이 정한 기준으로	분류하여	실습
	개수를	세어 보고	
	기준에 따른 결과를	말할 수 있다.	

내용	방법	활동
1. 생태 환경과 더불어 살고 있다는 마음 가지기 2. 땅 위, 땅속, 바닷속 등 사람과 동식물이 어우러져 사는 생태 탐구하기 3. 우리를 둘러싼 자연의 아름다움 알기 4. 운동회를 통해 생활 속에서 더불어 살기 위한 노력하기	탐구 실습	- 우리 학교 주변 자연물 보물찾기 - 땅 위, 땅속, 바닷속에 살고 있는 자연물 살펴보기 - 현장 체험학습(여주곤충박물관)을 통해 다양한 곤충 살펴보기 - 환경 지킴 다짐하기, 쓰레기 분리 배출 방법 익히고 실천하기
5. 겪은 일을 표현하는 글 쓰고 생각이나 느낌 나누기	글쓰기 발표	- 현장 체험학습, 운동회 등 다양한 체험을 바탕으로 겪은 일 쓰고 생각이나 느낌 나누기

[1~2학년군 성취 기준 분석표 (2022 개정 교육과정 기준)]

④ 활동 브레인스토밍

이 프로젝트는 통합 교과 '자연'을 중심으로 배치했다. 교과서에 나오는 기본적인 활동인 자연 보물찾기, 땅 위, 땅속 동·식물 탐구하기의 활동을 순서대로 넣었다. 여기에 국어 겪은 일 쓰기를 체험학습과 연계하였다. 수학의 분류하기 단원은 쓰레기 분리 배출 방법 익히기와 연결하였다. 또한, 2022 개정 교육과정에서 강조하는 신체 놀이 차시에서 재활용품으로 할 수 있는 간단한 놀이 활동을 추가했다. 재활용품으로 할 수 있는 놀이는 다양하나 간단한 놀이를 소개하자면 달걀판에 탁구공 넣기, 재활용품을 이용한 비석치기, 물병 세우기 등이 있다.

⑤ 핵심 활동 및 루틴 정하기

함께 Green 지구 프로젝트		주제 중심·교과 중심
도입	주된 활동 루틴	마무리
<동> 우리 학교 자연물 보물찾기 <1> 다양한 자연물의 종류 알기 <2> 겪은 일을 쓰는 방법 알기 <3> 쓰레기 분리 수거하는 방법 익히기 <정> 마을 주변 쓰레기 줍기 (쓰담 걷기)	- 《나무늘보가 사는 숲에서》그림책 읽고 지상의 자연물 탐구하기 - 《할머니의 용궁여행》그림책 읽고 바닷속 자연물과 환경 오염 문제 탐구하기 - 환경 문제를 해결하며 우리가 실천할 수 있는 것을 찾아 쓰고 실천하기	<결과물> 환경 다짐 나무 만들기, 지구의날 환경 퍼즐 맞추기 <활 동> 1. 현장 체험학습을 다녀와서 겪은 일을 쓰기 – 국어 수행평가 연구 2. 운동회를 하고 운동회 소감 쓰기

⑥ 한 장 정리

차시	활동 계획	활용 차시
1-8 (도입)	1. 우리 학교 자연 보물찾기 2. 땅 위/땅 아래/바다에서 볼 수 있는 자연물의 종류 알기 (각각 1차시 분량) 3. 그림책 《나무늘보가 사는 숲에서》, 《할머니의 용궁여행》을 활용하여 땅 위에 사는 동식물과 문제점, 바닷속 동식물과 문제점 알가 4. 분리수거하는 방법 익히기 5. 학교 주변 쓰담 걷기 활동하기	[자연] 우리 학교 주변 보물찾기 [자연] 땅 위에 있는/땅속에 있는/바다에 있는 자연물 살펴보기 [국어 8단원 5-6차시] 이야기를 읽고 생각이나 느낌 표현하기 [수학 5단원 분류하기] 기준에 따라 여러 가지 물건을 분류하기
9-10 (전개)	6. 겪은 일 쓰는 방법 익히기 7. 4문장 정도 쓰기부터 시작해서 매주 월요일마다 겪은 일(일기) 함께 쓰고 발표하며 나누기 매주 월요일 1교시 국어 시간을 활용해 주말에 있었던 일 쓰기 연습	[국어 3단원-자신이 겪은 일을 문장과 글로 표현하기] 꾸며 주는 말을 넣어 문장 만들기를 연습한 뒤 겪은 일에서 글감을 정해 일기 쓰기
11-19 (마무리)	8. 여주곤충박물관에서 나비의 탄생과정부터 다양한 곤충, 파충류 체험까지 경험 9. 운동회에서 간식을 먹은 뒤 어느 반에 가장 작은 부피로 줄일 수 있는지 대결하며 환경에 대해 생각할 수 있는 시간 갖기	[현장체험학습] 여주곤충박물관 – 곤충 체험 (1-5교시) -> 국어 3단원 수행평가로 연계 [학년별 스포츠 데이-운동회] 달리기, 로테이션 경기 후 재활용품을 활용한 미니 게임 즐기기 (1-4교시)

[함께 Green 지구 프로젝트 한 장 정리표]

⑦ 마중그림(이름, 표지) 만들기

이 프로젝트는 학교 교육과정 중 현장 체험학습과 운동회라는 행사가 들어가는 프로젝트다. 그래서 학생들이 운동회와 곤충 체험하는 모습을 마중그림에 직관적으로 보일 수 있게 넣었다.

⑧ 시각화 자료 만들기

환경 다짐 나무 만들기	국어 수행평가
	**국어 평가지**

스포츠 데이 글쓰기	환경 퍼즐 맞추기 (학습지 자료 출처 - 픽미쌤)

[블록 쌓기: 설계하기]

프로젝트 수업 계획하기 8단계	블록 쌓기 TIP
① 굳이 프로젝트 수업을 해야 하는 이유 찾기	1) 지구온난화와 환경 문제가 늘어나는 지금, 지속 가능한 생태 환경을 만드는 데 필요한 행동이 무엇인지 알고 적극적으로 실천할 필요가 있음. 2) 학교의 다양한 행사와 교육과정을 연계하여 운영
② 방법 정하기 (교과 중심 VS 주제 중심)	교과 중심이자 주제 중심 프로젝트로 통합 교과 중 자연을 주요 성취 기준으로 하되 국어, 학교 행사 시간 등을 활용하여 특정 기간 동안 프로젝트를 진행함.
③ 중심 교과 정하기+성취 기준 분석	자연 교과를 중심으로 하되 국어 3단원 '겪은 일을 나타내요' 단원과 8단원 '다양한 작품을 감상해요' 단원을 연계하여 그림책을 활용한 수업과 더불어 경험한 일들을 글로 쓰고 공유하는 시간을 가짐.
④ 활동 브레인스토밍	[방법 1] 중심 교과의 차시 내용별 폴더 만들기 1. 교과서 차시 내용별로 폴더를 하나씩 만들기 2. 인터넷의 여러 자료들을 훑어보며 자료 다운 3. 다운받은 교육 자료를 하나씩 정독 및 재구성
⑤ 핵심 활동 및 루틴 정하기	1) 동기 유발 활동으로 학교 주변 자연물 보물찾기 2) 그림책《나무늘보가 사는 숲에서》,《할머니의 용궁여행》을 활용해 땅 위, 바닷속의 자연물 알기 3) 분리수거하는 방법 익히기 4) 쓰담 걷기 5) 겪은 일 쓰는 법 배우고 글쓰기

	6) 스포츠데이 (업사이클링 미니 놀이, 반별 간식 쓰레기 가장 적은 부피로 분리 배출하기 대결)
	7) 현장 체험학습 (여주곤충박물관)
⑥ 한 장 정리	49쪽 함께 Green 지구 프로젝트 한 장 정리표 참고하기
⑦ 마중그림(이름, 표지) 만들기	함께 Green 지구 프로젝트

⑧ 시각화 자료 만들기 (영상 자료 및 글쓰기 자료)

지구의날 퍼즐 맞추기	환경 다짐 나무	국어 수행평가

(2) 실천하기

① 도입 활동 – 우리 학교 자연 보물찾기

이 프로젝트는 2학년 학생들과 우리가 살고 있는 생태 환경을 지켜 나가기 위해 어떤 활동을 해야 하는지 생각하며 진행한 프로젝트다. 개정된 통합(자연) 교과서에 학생들이 할 수 있는 다양한 활동이 제시되어 있다. 교사는 그중에서 학급의 수준에 맞는 활동을 취사선택하여 진행하면 된다.

이 활동을 도입하기 위해 학생들이 활동에 대한 '재미', '동기'를 느끼는 게 필요하다고 생각했다. 그래서 가장 먼저 한 활동이 우리 학교 주변 '자연물 보물찾기'였다. 이 활동을 진행하기 위해 제일 먼저 우리 학교 주변에 있는 자연물을 탐색했다. 어떤 식물이 있는지 사진을 찍어 학습지로 제작했다. 학생들과 날씨가 좋은 날에 나가 보물찾기 학습지를 들고 실제 자연물과 직접 비교해 보며 우리 학교의 자연 보물을 찾았다.

국어 시간에 겪은 일을 쓰는 방법도 배웠다. 내가 한 일을 시간의 순서에 따라 쓰는 방법을 배우고 겪은 일을 중심으로 자신의 느낌과 생각을 쓰는 연습을 반복했다.

② 전개 활동 – 땅 위, 땅속, 바닷속에 살고 있는 자연물 살펴보기

그다음 이어진 활동이 땅 위, 땅속, 바닷속에 있는 동식물 살펴보기였다. 그래서 이때 그림책을 활용했다. 땅 위에 사는 동물들을 살펴보기 위해서 그림책《나무늘보가 사는 숲에서》를 선택했다. 이 책은 입체 도서로 학생들이 나무에 있는 나무늘보를 찾으면서 읽는 재미를 느낄 수 있다. 책을 읽고 나서는 땅 위의 사는 동물 중 이 숲속에 살고 있을 것 같은 동물을 클레이로 직접 만들어 보는 활동을 진행했다. 그 다음은 바닷속이다. 특별히 바닷속 동물이 겪고 있는 문제가 드러나는 도서로 선정했다.《할머니의 용궁여행》이라는 그림책이다. 해녀 할머니가 용궁 여행을 가게 되었는데, 그곳에서 플라스틱 쓰레기로 고통받고 있는 바다 생물들을 도와주는 이야기다. 바다 생물이 겪는 환경 오염 문제를 어떻게 해결할 것인가에 대해서는 다 같이 이야기를 나누고 나뭇잎에 써서 실천 다짐을 한다.

그림책을 읽고 난 뒤에는 분리수거의 4가지 주요 원칙을 배우고 분리수거 보드게임을 통해 익힌다. 분리수거 관련 영상을 시청하고 분리수거 보드게임을 활용해 직접 여러 가지 쓰레기를 분류해 보는 것이다.

③ 정리 활동 – 스포츠 데이, 현장 체험학습과 연계하기

프로젝트를 학교 행사와 연계하면 다음과 같이 진행할 수 있다. 스포츠 데이 행사에서는 다양한 체육 활동을 학년에서 진행하게 된다. 학년 전체가 재활용품을 활용하여 업사이클링 놀이를 진행하면 좋겠지만, 재활용품을 모으고 그 재활용품으로 활동을 하는 데도 큰 노력이 필요하다. 그래서 적은 노력으로도 학생들이 즐길 수 있는 미니 게임을 만들어 진행할 수 있다. 예를 들어, 달걀판을 활용하여 달걀판에 탁구공이 들어가게 하는 놀이, 상자 위에 병뚜껑을 올려두고 서로 치며 떨어뜨리는 알까기 놀이 등이다. 여기에 더하여 간식을 먹고 반별로 쓰레기 부피를 가장 작게 줄이는 활동도 진행할 수 있다. 시각적으로 다른 반이 한 것을 보며 자극이 되기도 한다. 현장 체험학습을 프로젝트와 연계하기 위해 관련된 곳으로 장소를 탐색했다. 자연물을 직접 보고 체험할 수 있는 곳으로 여주곤충박물관을 선정하였다. 학생들은 체험학습을 통해 땅 위에 사는 다양한 곤충, 파충류를 직접 보고 만지는 다양한 경험을 했다. 체험학습 다음날에는 바로 겪은 일을 쓰는 수행평가를 진행하였다.

[블록 돌아보기: 성찰과 성장]

2학년 교육과정이 바뀌는 상황에서 학년 교육과정을 짜려니 어려움이 많았다. 처음 하는 학년 단위 프로젝트를 계획한다는 것에 부담감이 컸다. 하지만 교과서 자체가 2학년 학생들이 해볼 만한 다양한 활동 위주의 내용이라 프로젝트를 구성하는 데 오히려 어려움이 줄어들었다. 다만 2학년 학생들이 가야 하는 체험학습이나 운동회, 평가 등의 과정을 프로젝트에 한 번에 녹여 내려니 전 학년에서 활용할 수 있는 보편적인 주제를 선정할 수밖에 없었다.

이 프로젝트에서 주의할 부분은 '기다림'이다. 2학년 학생들은 저학년이기 때문에 교사가 구상한 1개의 활동을 할 때도 생각한 것보다 시간이 더 오래 걸릴 수 있다. 그래서 교사는 학생들을 기다려 주어야 한다. 그러다 보면 학생들도 자연스레 프로젝트에 녹아 들게 된다.

운동장에서 놀이를 하던 날이었다. 한 친구가 나에게 와서 빨대를 들어 보이며 말했다. "선생님, 이 쓰레기가 거북이 코 속에 들어가면 거북이가 아플 텐데 제가 쓰레기를 주워야겠지요?" 우리가 그동안 진행한 프로젝트가 헛되지 않다는 것을 느낀 순간이었다. 아이들은 프로젝트를 통해 자신의 삶을 바꿔 나간다.

[블록 연결하기: 에듀테크 활용법]

내가 만든 자연물이 움직인다고? 애니메이티드 드로잉

땅 위나 땅속, 바닷속에 살고 있는 동물을 종이 위에 그리는 방식은 학교에서 실행할 수 있는 가장 보편적인 방식이다. 여기에 학생들이 만든 그림을 움직이게 해 주는 사이트가 있다. 바로 애니메이티드 드로잉이다. 애니메이티드 드로잉은 내가 그린 그림이 3D로 움직이게 만드는 앱이다. 동물이든 식물이든 내가 그린 어떤 것이든 팔, 다리만 달려 있다면 그 팔 다리가 내가 원하는 방향으로 움직이게 만들 수 있다. 별도의 로그인이 필요 없다는 것이 큰 장점이다. 사용 방법은 간단하다.

1. 애니메이티드 드로잉 사이트에 들어간다. (Animated Drawings | Meta FAIR)
2. 내가 그린 작품을 해당 기기에 저장한다. 예를 들어, 태블릿을 사용한다면 내가 그린 그림을 사진을 찍는다.
3. 애니메이티드 드로잉 사이트에 들어가 그림을 업로드한다.
4. 팔다리에 생긴 점을 활용하여 어떤 방식으로 움직일지 설정한다.

애니메이티드 드로잉을 활용하면 내가 그린 그림이 실제처럼 움직인다는 점에서 아이들의 흥미가 크게 올라간다.

3) 10월은 우리 날 개천절 프로젝트

"연휴 전, 계기 교육부터 놀이까지 일거양득 누리려면?"

(1) 계획하기

① 굳이 프로젝트 수업을 해야 하는 이유 찾기

나는 담임을 하면서 10월이 곤란했다. 10월은 아이들이 기다리는 핼러윈이 있는 날이기 때문이다. 핼러윈이 실제 우리나라에 알려진 것은 그리 오래되지 않았다. 하지만 아이들은 핼러윈에 열광한다. 내가 아닌 다른 모습으로 분장하고 달콤한 캔디와 초콜릿을 얻는 축제 같은 분위기에 많은 학생이 핼러윈을 좋아하게 된 것이다. 학교가 아니더라도 학원에서도 핼러윈은 노는 분위기가 있어 아이들이 10월만 되면 들뜨곤 했다. 교사인 나는 핼러윈의 교육적 의미를 찾기 어려웠다. "아이들이 좋아하니까 같이 동참해야 하나?"라는 고민도 했었다.

하지만 학생들이 10월에 있는 우리나라의 국경일에 대해 정확히 모른다는 것을 알고 핼러윈 행사를 하지 않기로 마음먹었다. 때는 10월 3일 개천절을 쉬고 난 다음 날이었다. 그 당시 아침 활동으로 글똥누기를 지도하고 있었다. 전날이 개천절이라 칠판에 큰 글씨로 '개천절의 의미와 내가 집에서 한 일을 적어 보자'라고 썼다. 아이들은 등교하자마자 칠판을 보고 내게 쪼르르 달려와 물었다. "선생님, 개천절이 무슨 날인지 모르겠는데요?", "선생님, 개천절은 쉬는 날 아니에요?", "선생님, 개천절 뜻만 알려 주세요." 나는 당황했다. 외국의 핼러윈은 무슨 날인지 알고 즐겁게 즐기지만, 정작 우리나라의 의미 있는 국경일을 단지 쉬는 날로 알고 있다는 것이 안타까웠다. 그래서 개천절을 함께 배울 수 있는 프로젝트를 계획했다.

② 방법 정하기(주제 중심 프로젝트 수업)

이 프로젝트는 10월에 있는 개천절의 의미에 대해 아는 프로젝트로 주제 중심 프로젝트다. 이 프로젝트를 진행할 당시에는 학년 프로젝트가 이미 진행 중이었고, 거기에 추가로 프로젝트를 해야 하는 상황이었다. 따라서 진행 기간을 하루 만에 끝낼 수 있는 초단기 프로젝트로 계획했다. 이렇게 학급의 교육과정 운영 및 학급 운영 계획에 따라 프로젝트의 기간을 정할 수 있다.

기간을 정한 후에는 어떤 방법을 개천절의 의미를 기억할 수 있을지 생각했다. 학습 피라미드를 떠올리면 학생들은 단순히 학습 내용을 지시했을 때보다 '서로 가르치기'를 했을 때 더 오래 기억했다. 이런 방법을 미루어 보아 학생들이 서로 알려 주며 상호 작용을 활발히 했을 때 더 오래, 더 많이 기억할 수 있다고 판단했다. 그래서 이 프로젝트는 서로 가르치기와 협력 학습을 주된 활동 방법으로 잡았다.

③ 중심 교과 정하기 + 성취 기준 분석하기

이 프로젝트에서 핵심은 학생들이 개천절을 탐구해서 보다 정확하고 오래 기억하게 하는 데 있었다. 또한, 우리나라의 국경일에 대해 학생들이 즐겁게 알아가는 과정을 만들고 싶었다.

저학년을 대상으로 할 때는 창체 시간과 통합을 활용해 활동을 진행할 수 있다. 저학년의 경우 개천절의 의미에 대해 잘 모르므로 간단하게 단군 이야기를 해 준 뒤 활동을 진행하는 것이 좋다. 고학년을 대상으로 할 경우에는 사회의 교과를 활용하되 학생들이 즐겁게 참여할 수 있는 음악, 미술, 체육 같은 예체능 교과를 중심으로 넣으면 좋다. 대상이 고학년이라도 프로젝트를 실행하는 중간에 학생들에게 역사적 질문을 던지고 이야기의 흐름을 이야기하면서 진행하는 것이 필요하다.

성취 기준	가르칠 내용	가르칠 방법	수업 방법
2국05-04	시나 노래, 이야기에	흥미를 가진다.	실습
2국03-02	쓰기에 흥미를 가지며 자신의 생각이나 느낌을 문장으로	표현한다.	
2바02-04	새로운 활동에 호기심을 갖고	도전한다.	
2바02-02	우리나라의 소중함을	알고	
	사랑하는 마음을	기른다.	
2슬02-02	우리나라의 모습이나 문화를	조사한다.	
2즐01-01	즐겁게 놀이하며	놀이하며	
	건강하고 안전하게	생활한다.	

[1~2학년군 성취 기준 분석표 (2022 개정 교육과정 기준)]

성취 기준	가르칠 내용	가르칠 방법	수업 방법
6음01-03	제재 곡의 노랫말을 바꾸거나 노랫말에 맞는 말 붙임새로	만든다.	실습
6미01-03	이미지가 나타내는 의미를	찾을 수 있다.	
6체04-07	주제 표현을 하는 데 필요한 다양한 표현 방법을 바탕으로 개인 또는 모둠별로 작품을 창의적으로	구성하여 발표하고	
	이를	감상한다.	
6음01-02	악곡에 어울리는 신체 표현을	한다.	

[5~6학년군 성취 기준 분석표 (2015 개정 교육과정 기준)]

④ 활동 브레인스토밍

개천절 프로젝트는 초단기 프로젝트이므로 하루 만에 할 수 있는 활동은 무엇이 있을까 브레인스토밍을 했다. 저학년과 활동하기 위해서는 단군신화 이야기로 접근하는 것이 좋다고 생각했다. 교사가 이야기를 들려 주거나 영상을 활용할 수 있다. 또 개천절의 의미를 아는 것과 더불어 핼러윈과 같이 즐거운 분위기를 느끼길 바랐다. 그래서 학생들이 즐겁게 참여할 수 있는 활동을 넣었다. 부족 만들기 놀이, 노래 가사 개사하기, 부족의 상징 그리기, 영상 촬영하기 등이 바로 그것이다.

⑤ 핵심 활동 및 루틴 정하기

여기에서 핵심 활동은 부족의 영상을 제작하여 각 부족의 상징성을 깨닫고, 개천절의 의미를 아는 것이다. 따라서 직접 부족의 상징 표현을 만들고 그것을 예술 교과를 통해 구현하는 것이 가장 큰 핵심 활동이었다.

개천절 프로젝트		주제 중심
도입	주된 활동 루틴	마무리
<동> 부족 나누기 놀이 - 스타와 펜 놀이로 두 팀 나누기	<3> 부족의 상징을 나타내는 부족 포스터 그리기(캐릭터로 그릴 수 있음)	<결과물> 부족의 상징이 드러나는 노래 동영상
<1> 스피드 퀴즈로 호랑이 부족, 곰 부족 정하기		
<2> 노래를 한 곡 정해 가사의 노랫말을 바꾸어 부족을 상징하는 노래로 개사하기	<4> 부족의 상징이 들어가게 동작을 만들고 노랫말에 맞는 동영상 제작하기	

⑥ 한 장 정리

교시	성취 기준	과목	내용
1교시	**공동체 놀이**	통합	▶ 부족 만들고 이름 짓기 - 스타와 펜 놀이를 응용한 우가우가 가위바위보를 통해 부족 구성하기
	공동체 놀이	창체	
2교시	[2즐01-01]	통합	▶ 부족 간 스피드 퀴즈 후 부족 고르기 ※ 지금까지 배운 내용을 바탕으로 복습해야 할 주된 내용을 넣어 퀴즈 출제하기
	배운 내용 복습하기	창체	
3교시	[2바02-04]	통합	▶ 노래 고르고 부족 노래 만들기 - 비교적 단순하거나 익숙한 곡을 선정하여 가사를 자신이 속한 부족에 맞는 내용으로 개사하기
	[6음01-03]	음악	
4교시	[2슬02-02]	통합	▶ 부족의 상징을 나타낼 만한 소재 찾고 그리기 - 상징의 의미 알기 - 캐릭터화하여 그리는 방법 배우기
	[6미01-03]	미술	
5교시	[2바02-04]	통합	▶ 부족 영상 찍기 - 부족의 상징 동작이 들어가게 안무 구성하기 - 노랫말을 바꾼 가사를 친구들과 함께 부르기 - 함께 만든 안무가 들어가게 영상 제작하기 (저학년의 경우 교사의 도움을 받아 영상 제작하기)
	[6체04-07] [6음01-02]	체육 음악	
6교시	[2국03-02]	국어	▶ 개천절 관련 N행시 짓기 - 개천절에 대해 배운 내용을 바탕으로 개천절 또는 호랑이 부족, 곰 부족을 택하여 N행시 지으며 정리하기 - <삼행시의 달인> 시집 활용하기
	[6국03-05]	국어	

[개천절 프로젝트 한 장 정리표]

⑦ 마중그림(이름, 표지) 만들기

이 프로젝트의 이름은 개천절 프로젝트다. 10월은 우리 날 프로젝트 중 하나로 개천절의 의미를 알고 개천절이 만들어지게 된 스토리를 가지고 다양한 활동을 하는 프로젝트다. 단군 왕검과 더불어 호랑이 부족과 곰 부족을 나타내는 것으로 마중그림을 표현했다.

⑧ 시각화 자료 만들기

프로젝트를 모두 마친 후에는 노랫말을 바꿔 개사한 노래와 춤 동작이 들어가는 영상을 제작한다. 영상을 처음 제작하는 경우 [블록 연결하기: 에듀테크 활용법]을 참고하면 조금 더 높은 퀄리티의 영상을 제작할 수 있다. 또 프로젝트의 마무리에서 고학년은 활동에 대한 소감을 쓰는 글쓰기를 할 수 있다. 저학년의 경우, 간단히 끝내려면 개천절에 대해 알게 된 내용을 담아 삼행시를 작성하거나 겪은 일을 그림으로 나타낼 수 있다.

부족 영상 제작 (영상물)	부족 포스터 제작 (포스터)

[블록 쌓기: 설계하기]

프로젝트 수업 계획하기 8단계	블록 쌓기 TIP
① 굳이 프로젝트 수업을 해야 하는 이유 찾기	1) 개천절의 의미를 이해할 수 있도록 하고자 함. 2) 10월에 있는 우리나라의 국경일에 대해 관심을 가지고 기억하고자 함.
② 방법 정하기 (교과 중심 VS 주제 중심)	주제 중심(단기) - 10월 계기 교육 중 하나인 개천절 프로젝트는 국경일인 개천절의 의미를 올바로 이해하고 몸으로 체득하기 위해 주제 중심 프로젝트로 계획함.
③ 중심 교과 정하기 + 성취 기준 분석하기	개천절의 의미를 알고 개천절이 등장하게 된 배경을 역사적 관점에서 알 수 있도록 미술, 체육, 음악을 활용해 실습 중심 활동을 진행함.
④ 활동 브레인스토밍	[방법 1] 중심 교과의 차시 내용별 폴더 만들기 1. 교과서 차시 내용별로 폴더를 하나씩 만들기 2. 인터넷의 여러 자료들을 훑어보며 자료 다운 3. 다운로드한 교육 자료를 하나씩 정독 및 재구성
⑤ 핵심 활동 및 루틴 정하기	1) 개천절의 역사적 배경을 바탕으로 곰/호랑이 부족 만들기 2) 학교에서 배운 지식을 바탕으로 퀴즈 대결을 펼쳐서 부족 선택하기 3) 부족별 상징과 노랫말 만들기 4) 부족별 소개 영상을 만들어 상영하기 5) 소감 나누고 글쓰기
⑥ 한 장 정리	58쪽 개천절 프로젝트 한 장 정리표 참고
⑦ 마중그림 (이름, 표지) 만들기	

⑧ 시각화 자료 만들기 (영상 자료 및 글쓰기 자료)

부족 소개 영상	개천절 삼행시

(2) 실천하기

① 도입 활동 – 부족 만들기

1교시는 부족 만들기 활동이다. 부족 만들기 활동을 할 때 유용한 활동은 바로 '스타와 펜 놀이'다. 공동체 놀이 중 가위바위보를 활용한 이 놀이는 방법이 간단해서 학생들과 함께 팀 나누기를 할 때 활용하면 좋다. 방법은 다음과 같다. 음악이 나오면 자유롭게 교실을 돌아다 닌다. 음악이 멈추면 자기와 가장 가까운 친구와 만나 가위바위보를 한다. 가위바위보에서 진 사람은 이긴 사람 뒤에 손을 올려 기차처럼 선다. 진 사람은 이긴 사람의 펜이 되어 이름 을 열렬히 부르며 응원한다. 일정 시간이 지나고 긴 두 개의 줄이 만들어지면 각 팀의 맨 앞 사람의 이름을 부르며 열렬히 응원한다. 가위바위보를 통해 최종 1인을 선정하고 그 친구가 지나갈 수 있게 중앙에 길을 만들어 주고 응원해 준다.

바로 이 활동을 응용해 '우가우가 가위바위보'를 하는 것이다. 놀이의 방법은 동일하나 선 사시대에는 문자가 없었으므로 '가위바위보'라고 하는 대신 '우가우가'라고 하며 가위바위보 를 한다. 이 놀이에서 주의해야 할 점이 있다. 그것은 바로 학생들이 계속 친구를 만나 가위 바위보를 하게 해야 한다는 것이다. 이게 무슨 말이냐면 놀이를 진행하다 보면 가위바위보를 안 하고 친구들을 피해 다니다가 줄이 어느 정도 길게 만들어졌을 때 가위바위보를 해서 긴 줄을 가로채는 학생들이 있다. 이런 문제를 방지하기 위한 중요한 규칙이 반드시 주변에서 만나 눈 마주치는 사람과 무조건 가위바위보를 하는 것이다.

또한, 이 활동으로 한 번에 팀을 만들게 되면 아쉬워하는 학생들이 많다. 학생들이 충분히 친구들을 탐색하고, 즐겁게 놀이에 참여할 수 있도록 시간을 보고 2~3번 이 활동을 반복해 주는 것이 좋다. 충분히 친구들을 만나 놀이를 즐겼으면 교사는 간단한 질문을 통해 부족 명 을 짓는다. 단군신화를 이야기해 주며 '우리가 부족을 두 부족으로 나누는데 어떤 부족이 필 요할까요?'라는 질문을 통해 호랑이 부족과 곰 부족으로 나눈다.

② 전개 활동 – 부족 스피드 퀴즈 진행하기

2교시는 곰과 호랑이 부족을 고르기 위한 부족 간 스피드 퀴즈 대결이 기다리고 있다. 1교 시에 만들어진 부족끼리 스피드 퀴즈 대결을 하는 것이다. 대결의 주제는 수업 시간에 배운 지식을 가지고 한다. 교사는 미리 준비한 스케치북에 수업 시간에 배웠던 주요 키워드를 쓴다. 두 모둠 각각 문제를 다르게 써서 준비해야 한다. 학생들은 한 줄로 서서 한 명씩 나와서 문제에 나온 제시어를 설명한다. 말로 설명해도 되고 동작으로 설명해도 된다. 나머지 사람은 손을 들고 맞춘다. 배운 내용을 가지고 스피드 퀴즈를 만드는 게 어렵다면 쉬운 단어로 퀴즈를 내는 방법도 있다. 내가 여기서 배운 내용을 확인하는 복습 퀴즈를 활용한 것은 수업에 대한 진도 부담을 줄이기 위해서다. 이 퀴즈 대결의 승패에 따라 호랑이 부족이 될지, 곰 부족이 될지 정한다.

③ 정리 활동 – 부족 로고송 만들고 영상 제작하기

부족을 고르고 나면 3교시에는 부족의 로고송을 만든다. 로고송 만들 때의 주의점은 짧고 간단한 노래를 개사해야 한다는 점이다. 너무 긴 노래를 개사하거나 가요를 개사하는 것보다 음악 시간에 배웠던 짧은 곡의 가사를 개사하는 것이 더 쉽고 편리하다. 교사가 짧은 곡을 제안하고 학생들이 개사하는 것도 좋은 방법이다. 개사할 때의 주의점이 하나 있다면, 개사한 노래가 각 부족의 상징성을 담고 있다면 좋다는 것을 알려 주는 것이다.

4교시에는 부족의 상징을 나타내는 이미지를 그린다. 이 이미지는 다음 시간에 이어지는 영상 제작에서 섬네일처럼 활용하기 때문에 아이들이 함께하는 것이 중요하다.

5교시에는 부족의 정체성(identity)를 담은 영상을 제작한다. 이 영상에는 아까 개사한 노래와 부족의 상징 그림이 들어간다. 영상 제작에 꼭 포함되어야 할 조건을 미리 알려 주어 영상 촬영 및 편집에 도움을 주는 것이 중요하다. 저학년의 경우 영상 편집 등을 많이 해 본 경험이 없기 때문에 이 프로젝트를 진행하기 이전에 미리 다양한 영상을 촬영하고 편집하는 연습을 미리 하는 것이 필요하다.

[블록 돌아보기: 성찰과 성장]

개천절 프로젝트 준비 시간이 짧았던 프로젝트다. 준비 시간도 실천 기간도 짧지만 하루를 온전히 할애해서 개천절에 대해 진행할 수 있어서 의미 있었던 프로젝트다. 다만, 영상을 편집할 때 다수의 학생이 참여할 수 없고 영상을 찍는 공간도 미리 확인해야 하기 때문에 어려움이 많았다.

또 이 프로젝트가 단순히 재미로만 끝나지 않기 위해 마무리에는 글쓰기 활동을 넣었다. 고학년을 대상으로 글똥누기를 할 때는 학생들이 경험한 내용을 쓰고, 개천절의 의미가 무엇인지, 활동을 하면서 좋았던 점, 아쉬웠던 점이 무엇인지 쓰도록 했다. 이러한 글쓰기를 통해서 학생들이 어떤 부분을 잘 알고 있고, 모르고 있는지 파악할 수 있다.

이를 통해 교사는 학생들에게 더 구체적으로 피드백해 줄 수 있고 다음 수업을 계획할 때도 유용하다. 저학년 학생을 대상으로는 N행시 쓰기를 했다. 이렇게 정리한 글과 영상 자료는 다음 수업의 자료가 되기도 하고, 학생의 학습 정도를 확인하는 척도가 되어 유용하다. 활동이 끝난 후에는 글쓰기! 내가 꼭 사용하는 원칙이다.

[블록 연결하기: 에듀테크 활용법]

동영상 촬영과 편집, 이 점에 주의해서!

초등학생들이 쉽게 사용할 수 있는 앱에는 Vllo(블로), Kinemaster(키네마스터), Gopro Quick(고프로 퀵), Capcut(캡컷), 멸치 등의 동영상 편집 앱이 있다. 스마트폰만 가지고 있다면 쉽게 다운로드해서 활용할 수 있는 동영상 앱이다. 좋은 동영상을 만들기 위해 어떤 부분에 주의하면 좋을지 아래를 참고해 보자.

1. 자막 넣기: 아이들은 아나운서가 아니다. 교사도 마찬가지지만 우리가 아나운서처럼 정확하게 발음하기는 어렵다. 그래서 대사를 말하거나 무언가 말하는 부분에는 정확한 자막을 넣어주는 게 필요하다.

2. 후시 녹음: 실제로 학교에서 영상을 찍을 때 주변의 소음 때문에 말소리가 잘 들리지 않는 경우가 많다. 그래서 조용한 곳에서 목소리만 따로 녹음해서 소리를 넣으면 영상에서 내용 전달력이 더 높아진다.

3. 효과음 넣기: 우리가 드라마를 보거나 영화를 볼 때도 마찬가지지만 적절한 상황에 적절한 배경 음악 또는 효과음이 들어가면 더 생생한 영상을 만들 수 있다. 효과음 넣는 방법을 활용하면 더 다채로운 영상을 만들 수 있다.

4. 장면 전환 효과: 사진만 들어가는 동영상의 경우 움직이지 않는다면 단조로움을 느낄 수 있다. 이런 영상에 활기를 불어넣어 줄 수 있는 방법이 바로 장면 전환 효과이다. 사진이 위, 아래, 좌, 우로 움직일 수 있도록 장면 전환 효과를 넣어 생동감을 불어넣을 수 있다.

4) 10월은 우리 날 한글날 대축제 프로젝트

"매년 하는 뻔한 계기 교육, 더 의미 있고 재미있게 하려면?"

(1) 계획하기

① 굳이 프로젝트 수업을 해야 하는 이유 찾기

한글날은 창체 시간에 계기 교육의 주제로도 많은 선생님이 다루고 있다. 하지만 아이들은 교실에서 "킹 받는다", "어쩔티비, 저쩔티비"와 같은 유행어를 계속 사용하고 싶어 한다. 한글의 중요성을 피상적으로는 알고 있으나 한글을 이미 사용하고 있기 때문에 한글의 우수성을 몸소 체험하기는 어렵다. 그래서 한글날과 관련된 프로젝트를 진행해 보기로 하였다.

② 방법 정하기(주제 중심 프로젝트 수업)

이 프로젝트는 '한글날을 축제 같은 분위기에서 즐기자'라는 취지에서 만들었다. '한글날'이라는 계기 교육 주제가 중심이 되는 주제 중심 프로젝트다. 학생들은 교시별로 한글날 미션을 체험한다. 해당 미션을 클리어하면 교사에게 해당 미션지를 보여 주고 도장을 받는다. 단계별 미션을 수행하고 도장을 받는 즐거움으로 학생들의 참여도와 몰입도가 높아졌다.

③ 중심 교과 정하기 + 성취 기준 분석하기

성취 기준	가르칠 내용	가르칠 방법	수업 방법
2국05-02	작품을 듣거나 읽으면서 느끼거나 생각한 점을	**말한다.**	강의법
2국05-03	작품 속 인물의 모습, 행동, 마음을 상상하여 **시, 노래, 이야기, 그림** 등으로	**표현**한다.	강의법
2국04-03	**문장과 문장 부호**를 알맞게	**쓰고**	강의법
2국04-03	**한글**에 호기심을	**가진다.**	강의법
2바02-02	**우리나라의 소중함**을	**알고**	실습
2바02-02	**사랑하는 마음**을	**기른다.**	실습
2바03-03	**여러 인물의 삶**을 통해 **공동체성**을	**기른다.**	실습

2즐01-01	즐겁게 **놀이**하며, 건강하고 안전하게	**생활**한다.	실습
2즐01-02	놀이하며 **내 몸의 움직임이나 감각**을	**느낀다.**	

내용	방법	활동
- 작품을 듣거나 읽으면서 느끼거나 생각한 점을 말한다. - 문장과 문장 부호를 알맞게 사용하는 방법 알기	강의법	- 한글날 또는 세종대왕과 관련된 그림책 읽기《세종대왕을 찾아라》 - 문장 부호 알맞게 사용하는 법을 배우고 퀴즈를 통해 우리 반 장원 뽑기
- 세종대왕의 삶 탐구하고 훈민정음 글자 꾸미기 - 즐겁게 놀이하며 건강하고 안전하게 생활하기 - 놀이하며 내 몸의 움직임이나 감각 느끼기	실습	- 훈민정음 원본의 의미를 살펴보고 훈민정음을 써서 게시하기 - 젤리를 활용하여 자음과 모음을 분류해 보고 단어 만들기 - 내 신체를 활용하여 교사가 보여 주는 단어를 몸으로 표현하기

[1~2학년군 성취 기준 분석표 (2022 개정 교육과정 기준)]

성취 기준	가르칠 내용	가르칠 방법	수업 방법
6음01-06	바른 자세와 호흡으로 **노래**	**부르거나**	실습
	바른 자세와 주법으로 **악기**를	**연주**한다.	
6미02-01	표현 주제를 잘 나타낼 수 있는 **다양한 소재**를	**탐색할 수 있다.**	
6국03-06	독자를 존중하고 배려하며 **글을 쓰는 태도**를	**지닌다.**	글쓰기
6국03-05	**체험한 일에 대한 감상이 드러나게 글을**	**쓴다.**	
6국04-06	일상생활에서 **국어를 바르게 사용하는 태도**를	**지닌다.**	

[5~6학년군 성취 기준 분석표 (2015 개정 교육과정 기준)]

④ 활동 브레인스토밍

한글날에 우리가 할 수 있는 활동은 이미 많이 나와 있다. '한글의 소중함 알기'와 한글이 창제된 '한글날은 축제 같은 날로 인식하게 하는 것' 이 두 가지의 큰 목표를 가지고 활동을 계획하였다. 그래서 학생들이 한글을 활용해 즐겁게 즐길 수 있는 프로그램을 많이 계획했다.

1부

2부

3부

1. 1~2학년군 프로젝트 수업

⑤ 핵심 활동 및 루틴 정하기

10월 계기 교육 프로젝트 (한글날 대축제)		주제 중심
도입	주된 활동 루틴	마무리
<동> 한자로 쓰인 오병의 재료를 찾아 모둠별 오병 만들기 **<1>** 내가 맞춤법을 얼마나 알고 있는지 확인하기 **<2>** 한글의 우수성은? **<3>** 한글의 자음을 활용해 단어 만들고 뜻 추론하기(한글날의 의미와 우리에게 한글이 얼마나 소중한가?) **<정>** 한글날 대축제 프로젝트 안내	**문제 해결 수업** 1. 문제 제시(한글날 탐구의 필요성) 2. 맞춤법 지식 확인하기 3. 젤리를 활용해 여러 가지 단어 만들고 친구들이랑 협력하기 4. 자음 꾸미고 단어를 몸으로 만들어 표현하기 5. 글똥누기를 통해 한글날의 의미와 중요성, 나의 언어 습관 돌아보기	**<결과물>** 한글 자음을 꾸미고 한글날의 의미를 되새기는 글쓰기 **< 활 동 >** 1. 한글날 대축제에서 한 활동을 돌아보며 글쓰기(한글 자음을 꾸며서 단어 힌트를 받고 몸으로 표현한다.) 2. 자기 평가 및 소감 발표

⑥ 한 장 정리

교시	성취 기준	과목	내용
1교시	**공동체 놀이**	창체	▶ 오병 만들기와 스피드 퀴즈
	한글의 필요성 느끼기	창체	- 한자 재료를 가지고 모둠 친구들과 협력하여 오병 만들기
2교시	**[2국04-03]**	국어	▶ 마침표(.) 물음표(?) 느낌표(!)가 들어간 다양한 문장 형식 살펴보기
	[6음01-06]	음악 국어	▶ 맞춤법 절대 안 틀리는 노래 - 맞춤법 절대 안 틀리는 노래 듣고 한글날 관련 퀴즈 골든벨 참여하기
3교시	**공동체 놀이**	창체	▶ 젤리를 이용한 한글 별명 만들기와 딸기 게임
	공동체 놀이	창체	
4교시	**[2즐01-02]**	통합	▶ 단어 꾸미기(ㅇㅅㅁㄹ ㄷㅅ)와 사진 찍기
	[6미02-01]	미술	- 자음으로 이루어진 한글 나무를 꾸미고 해당 낱말에 대한 힌트를 얻어 모둠원과 협동하여 온, 새, 미, 로, 다, 솜 글자 몸으로 표현하기
5교시	**[2국05-03]**	국어	▶ 글똥누기(학습지) - 겪은 일을 일기 형식으로 쓴다.
	[6국03-06] **[6국03-05]**	국어	- 한글날 활동을 하며 인상 깊었던 부분과 이유, 한글이 소중한 이유, '온새미로 다솜'의 의미와 프로젝트 시행 의미를 쓰도록 함.

선택	[2바02-02]	통합	▶ 우리말 과자 표지 꾸미기
	[6국04-06]	국어	- 과자 표지에 있는 외래어나 외국어를 우리나라 말로 고쳐 보고 과자를 모아 과자 파티하기

[한글날 프로젝트 한 장 정리표]

⑦ **마중그림**(이름, 표지) **만들기**

이 프로젝트의 이름은 "한글날 대축제"다. 우리 조상들은 한자를 주로 사용했는데 일반 서민이 한자를 쉽게 익히기란 불가능했다. 따라서 지배층의 언어로만 사용되었다. 글을 몰라 억울한 백성이 없도록 세종대왕님과 집현전 학자들이 훈민정음을 만들게 된다. 그리고 현재 우리가 우리글을 배우고 직접 읽고 쓸 수 있게 되었다. 자유롭게 글을 읽고 쓸 수 있다는 것은 큰 축복이다. 10월의 한글날은 그런 축제 분위기에서 보내는 게 좋겠다고 생각했다. 따라서 이 프로젝트의 제목을 "한글날 대축제"로 지었다.

⑧ 시각화 자료 만들기

한글날 대축제 미션지 (스탬프 활동지)	협동화 (출처 - 픽미쌤, 모둠 협동 한글 나무)	활동지 핵심 질문
		1. 오늘 활동을 하면서 인상 깊었던 부분과 그 이유는 무엇인가요? 2. 한글이 소중한 까닭은 무엇인가요? 3. 마지막에 친구들과 만든 글자를 쓰고, 그 뜻을 유추해 보세요.

[블록 쌓기: 설계하기]

프로젝트 수업 계획하기 8단계	블록 쌓기 TIP
① 굳이 프로젝트 수업을 해야 하는 이유 찾기	1) 10월 9일 한글날의 의미와 한글의 우수성과 필요성을 체험하고자 할 때 2) 학생들이 한글날을 즐거운 날로 기억하는 동시에 재밌는 활동을 하고자 할 때
② 방법 정하기 (교과 중심 VS 주제 중심)	주제 중심(단기) - 10월 계기 교육 중 하나인 한글날 대축제 프로젝트를 통해 한글의 우수성과 올바른 우리말 사용을 가르치고자 할 때 큰 주제를 중심으로 재구성하였다.
③ 중심 교과 정하기 + 성취 기준 분석하기	올바른 한글 사용의 필요성, 한글날의 우수성을 체험 중심으로 탐구하기
④ 활동 브레인스토밍	[방법 1] 중심 교과의 차시 내용별 폴더 만들기 1. 교과서 차시 내용별로 폴더를 하나씩 만들기 2. 인터넷의 여러 자료를 훑어보며 자료 다운로드 3. 다운로드한 교육 자료를 하나씩 정독 및 재구성
⑤ 핵심 활동 및 루틴 정하기	1) 한자 재료를 가지고 모둠별 오병 만들기 2) 맞춤법 지식 확인하기 3) 한글 젤리를 활용해 협력하기 4) 자음 꾸미고 단어 만들기 5) 한글날 의미를 되새기는 글똥누기 글쓰기
⑥ 한 장 정리	66쪽 한글날 대축제 한 장 정리표 참고

⑦ 마중그림 (이름, 표지) 만들기	
⑧ 시각화 자료 만들기 (활동지 자료 출처 - 픽미쌤의 한글나무)	

(2) 실천하기

① 도입 활동 – 한글의 필요성 느끼기 (오병 만들기, 몸으로 말해요)

1교시는 한글의 중요성과 필요성을 느끼는 "오병 만들기" 활동이다. 오병이라고 들으면 낯설지만, 이미 뜻을 알고 있는 선생님들도 있을 것이다. 오병은 바로 떡볶이이다. 오병을 한자로 준비하고 재료들의 명칭도 한자로 다 출력한다. 그리고 학생들에게 접시를 나눠 준 뒤 오병에 들어가는 재료를 고르도록 한다. 아이들은 한자로 써 있는 글자를 읽고 뜻을 추측해서 이것저것 재료를 담는다. 나중에 그 재료의 이름을 한글로 확인하며 각 모둠에서 어떤 떡볶이를 만들었는지 이야기 나눈다. 재료가 공개되면서 놀라고 충격받은 아이들의 표정이 금세 웃음으로 바뀌는 걸 볼 수 있었다. 소감을 나눌 때 들어보니, 우리글이 아니었다면 읽고 쓰는 것도 어려웠을 것 같다는 의견이 많이 나왔다. 오병 만들기를 한 후에는 몸으로 말해요 게임을 했다. "몸으로 말해요" 게임에서는 하나의 주제를 모둠이 고르면 설명하는 친구가 1명 나오고 나머지는 제시어를 맞추는 게임을 했다. 한글은 사용할 수 없고 외국어를 쓰거나 몸을 움직여 말할 수 있었다. 아이들은 이 게임에서 최선을 몸짓으로 제시어를 표현하려고 애썼다. 한글의 한 글자 한 글자를 영어로 표현하는 꼼수를 쓰기도 했다.

② 전개 활동 – 맞춤법 절대 안 틀리는 노래 퀴즈, 젤리로 별명 만들기

2교시에는 맞춤법 절대 안 틀리는 노래의 노래 가사를 익히며 따라 부르기를 했다. 생각보다 노래 속도가 빨라서 노래를 익히는 것이 쉽지 않았다. 저학년 학생들의 경우 이 노래를 여러 번 반복해서 불러 보는 것만으로도 충분하다. 고학년의 경우 이 노래에서 나온 것을 직접 문제로 풀어 보는 것도 재밌다.

3교시에는 아이들이 조금 더 편안하게 놀 수 있는 활동을 준비했다. 바로 자음, 모음 모양 젤리를 활용한 활동이다. 손에 장갑을 끼고 젤리를 1~2봉지씩 접시에 담아 준다. 개인별로 가지고 있는 접시에 젤리를 가져가 이리저리 조립하며 별명 만들기를 했다. 그리고 한글로 만들어진 별명을 가지고 딸기 게임을 했다. 각 활동의 마무리에는 교사가 미션 클리어를 확인하기 위한 도장을 찍어 준다.

③ 정리 활동 – 단어 꾸미기, 신체로 한글 표현하기, 글쓰기

4교시에는 단어 꾸미기 활동을 했다. 미션과 미술을 결합한 활동이다. 일단 교사가 순 우리말로 학생들에게 전달하고 싶은 의미를 모둠의 수만큼 만든다. 이때 픽미쌤의 한글날 자료를 사용했다. 한글 화분을 꾸미는 활동으로 화분을 꾸며서 가지고 나오면 교사가 글자 카드를 준다. 그러면 다시 학생들은 이 글자 카드를 보고 친구들과 몸으로 글자를 따라 만든다. 교사는 단어가 다 만들어지면 가서 폴라로이드를 활용해 사진을 찍어 준다. 각 모둠에 할당된 글자를 모두 찍어서 그 단어의 뜻을 추측한다.

5교시에는 활동을 하고 나서 소감을 적는 일을 했다. 내가 어느 학년의 담임을 맡든지 가장 중요하게 생각하는 부분 중 하나는 바로 '글쓰기'다. 글을 쓴다는 것은 자신의 생각을 표현할 수 있는 방법 중 하나이며, 가장 고차원적 학습 방법 중 하나다. 따라서 내가 이 프로젝트를 통해 학생들이 알기 바라는 것, 학생들이 안 것, 느낀 것을 중심으로 글쓰기를 진행한다. 글쓰기는 배운 내용을 더 오래 기억할 수 있는 최고의 방법이다.

[블록 돌아보기: 성찰과 성장]

한글날 대축제 프로젝트를 진행하기 위해서는 다양한 활동 중에서 우리 반에 필요한 활동을 선별하는 작업이 가장 중요하다. 이미 한글날을 기념하여 진행할 수 있는 활동자료는 충분히 차고 넘친다. 그중에서 우리 반 학생들이 이 프로젝트를 마치고 가장 오래 간직했으면 하는 지식이나 가치, 태도가 무엇인지 생각해 보는 과정이 필요하다.

행복 교실에 함께 공부했던 선생님 중 한 분은 한글날 마지막 활동으로 과자를 가져와 과자에 나온 외래어나 외국어를 우리 말뜻으로 바꿔 보고 과자를 나누어 먹는 활동을 하며 마무리했다고 한다. 이렇듯 한글날을 기념할 수 있는 활동은 이미 많다. 그중에서 나와 우리 반에 맞는 활동을 잘 골라 의미 있게 구성한다면 재미와 수업 내용의 의미를 모두 잡는 즐거운 프로젝트가 될 것이다. 위의 활동 내용은 고학년을 대상으로 진행한 프로젝트이지만 2학년 통합의 인물 교과를 활용하여 한글날과 세종대왕에 대해 함께 공부할 수도 있다. 과거에 업적을 남긴 인물을 살펴보고 그 인물이 현재 나에게 어떤 영향을 주었는지 생각해 보며 활동을 확장할 수 있다.

[블록 연결하기: 에듀테크 활용법]

챗GPT와 우리말 겨루기

우리가 먹는 음식, 우리가 자주 가는 식당, 우리가 사용하는 다양한 앱 등 우리가 일상생활에서 활용하는 외래어, 외국어는 얼마나 될까? 우리나라 말로 바꿔서 사용해 본다면 어떤 낱말들을 생각해 낼 수 있을까? 어떤 의미를 담아서 만들 수 있을까.

방법은 다음과 같다.

1. 제한 시간 동안 아이들이 자주 보는 외래어나 외국어 등의 낱말을 우리나라 말(한국어)로 바꿀 수 있게 토의 시간을 준다. (우리가 자주 보는 간판이나 과자의 이름 등에 대해 이야기하면 더 활발한 대화가 진행될 수 있다.)

2. 챗GPT 검색 엔진을 활용해 다음의 단어를 넣고 우리나라 말로 바꾸는 시간을 가진다.

3. 챗GPT가 바꾼 단어와 우리가 바꾼 단어의 의미와 이름을 비교해 보며 더 나은 낱말을 찾아본다.

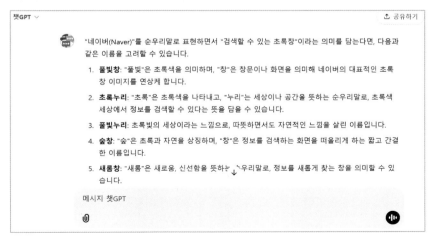

3~4학년군 프로젝트 수업

1) 우리 고장 프로젝트

"학생들이 주도성을 가지고 지역사회와 소통하며 변화를 만들어 가는 방법은?"

(1) 계획하기

① 굳이 프로젝트 수업을 해야 하는 이유 찾기

3학년 1학기 '우리가 살고 있는 고장'은 우리 고장의 주요 장소, 옛이야기, 문화유산 등에 대한 내용으로 구성되어 있다. 실제 우리 고장의 공공기관에서 제작한 여러 가지 자료를 활용하여 우리 고장의 주요 장소, 옛이야기, 문화유산 등을 조사하는데, 기존의 자료들 중에 초등학생이 쉽게 볼 수 있는 자료가 부족하다. 관광 지도, 소개 책자도 학생들이 보기에는 어려운 내용이 많고, 문화유산을 소개하는 문화원 누리집의 자료도 성인을 대상으로 한 자료들이 대부분이다. 또한, 옛이야기와 관련된 그림책은 한 권도 존재하지 않는다. 이처럼 기존에 존재하는 대부분의 고장 소개 자료들은 뜻이 어려운 낱말과 내용이 많아 학생들이 스스로 조사하고 탐구하는 데 많은 어려움이 있다. 따라서 학생들이 주도성을 가지고 스스로 사고하고 탐구하기 위해서는 초등학생들이 쉽게 볼 수 있는 자료가 필요한 상황이다.

그러므로 우리 고장 평택 프로젝트를 통해 우리 고장의 초등학생들이 쉽게 볼 수 있는 우리 고장 소개 책을 만들어 보기로 하였다. 학생들에게는 '우리 고장으로 전학 온 또래 친구들을 위한 우리 고장 소개 자료'를 만들어 보자고 안내하였다.

② 방법 정하기 (교과 중심 프로젝트 수업)

3학년 1학기 사회 1단원 내용 중 대부분의 차시를 프로젝트 수업으로 진행할 계획이기에 중심 교과를 사회로 두고, 뒷받침 교과를 활용하는 교과 중심 프로젝트를 계획하고자 하였다. 이 프로젝트에서는 학생들이 우리 고장에 대한 다양한 지리적, 역사적, 문화적 요소를 학습하고 이를 바탕으로 초등학생 눈높이에 맞는 자료를 제작할 예정이다. 사회 과목을 중심으로 하되 국어, 미술, 창의적 체험 활동 등 다른 교과와의 융합을 통해 활동을 더욱 풍성하게 만들 계획이다.

교과 중심 프로젝트	우리 고장 평택 프로젝트	
	중심 교과	● 사회 3-1-1 우리 고장의 모습 ● 사회 3-1-2 우리가 알아보는 고장 이야기
	뒷받침 교과	● 국어, 미술, 창체 등

③ 중심 교과 정하기 + 성취 기준 분석하기

성취 기준	가르칠 내용	가르칠 방법	수업 방법
4사01-01	우리 마을 또는 고장의 모습을 자유롭게	그려 보고	탐구
	서로 비교하여 공통점과 차이점을 찾아 고장에 대한 서로 다른 장소감을	탐색한다.	
4사01-02	디지털 영상 지도 등을	활용하여	강의+실습
	주요 지형 지물들의 위치를	파악하고	
	백지도에 재배치하는 활동을 통하여 마을 또는 고장의 실제 모습을	익힌다.	
4사01-03	고장과 관련된 옛이야기를 통하여 고장의 역사적인 유래와 특징을	설명한다.	조사
4사01-04	고장에 전해 내려오는 대표적인 문화유산을	살펴보고	조사
	고장에 대한 자긍심을	기른다.	실습

[3~4학년군 성취 기준 분석표 (2015 개정 교육과정 기준)]

성취 기준	가르칠 내용		가르칠 방법	수업 방법
4사01-01	주변 여러 장소에서의 경험과 느낌을 다양한 방식으로		**표현**하고	탐구
	장소감을 나누며 서로를 존중하는 태도를		**지닌다.**	
4사01-02	주변의 여러 장소를		**살펴보고**	조사
	우리가 사는 곳을 더 살기 좋은 곳으로 만드는 방안을		**탐색**한다.	
4사05-02	지도에서 우리 지역의 위치를		**파악**하고	강의 + 실습
	우리 지역의 지리 정보를		**탐색**한다.	
4사06-01	지역의 문화유산을 통해 문화유산의 의미와 유형을		**알아보고**	조사
	문화유산의 가치를		**탐색**한다.	
4사06-02	지역의 박물관, 기념관, 유적지 등을		**체험**하고	실습
	지역의 역사를		**이해**한다.	

[3~4학년군 성취 기준 분석표 (2022 개정 교육과정 기준)]

④ 활동 브레인스토밍

우리 고장 프로젝트는 크게 3단계로 구성되어 있다. 우리 고장의 자료를 관찰하여 관련 정보를 수집하는 단계, 기존에 존재하는 우리 고장의 자료들을 에듀테크 등 여러 도구로 재가공하여 초등학생용 자료를 생산하는 단계, 생산된 자료들이 우리 고장에 유의미하게 활용될 수 있도록 공공기관에 의견을 제안하는 단계로 프로젝트를 구성하였다. 주요 장소를 알아보고 시티 투어 코스를 만들고, 옛이야기를 알아보고 옛이야기 표지를 만들며, 문화유산을 알아보고 역사 투어 코스를 만든다. 프로젝트 마무리 단계에서는 우리 고장 굿즈 공모전에 직접 참가하여 학생들도 좋아할 수 있는 굿즈를 개발해 보고, 엑스포를 통해 홍보 자료를 발표하는 시간을 가진다. 마지막으로 시청에 학생용 자료의 제작을 제안하는 편지를 쓰면서 만들어진 자료들이 유의미하게 활용될 수 있도록 한다.

❶ 우리 고장의 주요 장소 [시티 투어]

지知 알기	역易 재가공하기
주요 장소 알기	시티 투어 만들기
우리 고장의 주요 장소는 **어떻게 찾을 수 있을까?**	우리 고장 홍보 자료의 **문제점 및 개선할 점** 찾기
디지털 영상지도를 활용하여 우리 고장의 주요 장소 살펴보기	우리 고장 **주요 장소의 종류와 특징** 조사하기
우리 고장의 주요 장소를 백지도에 나타내는 **방법** 탐구하기	초등학생을 위한 우리 고장 시티 투어 장소 탐구하기
우리 고장의 **주요 장소 안내 지도** 만들기	초등학생을 위한 우리 고장 시티 투어 코스 만들기

프로젝트 마무리

화話 표현하기
① 우리 고장 굿즈 공모전 참가
우리 고장 굿즈의 **문제점 및 개선할 점** 찾기
다른 고장의 여러 가지 **굿즈** 관찰하기
초등학생을 위한 **좋은 굿즈의 조건** 탐구하기
초등학생을 위한 **우리 고장 굿즈** 만들기

❷ 우리 고장의 옛이야기 [그림책 표지]

지知 알기	역易 재가공하기
옛이야기 알기	그림책 표지 만들기
우리 고장의 주요 장소에는 **어떤 전설이** 있었을까?	옛이야기를 조사하며 **어려웠던 점** 생각하기
우리 고장의 **옛이야기** 살펴보기	그림책 표지를 만들기 위한 **캔바 기본 기능** 익히기
우리 고장의 **옛이야기** 조사하기	그림책 표지의 조건과 **특징** 탐구하기
우리 고장 **옛이야기 조사보고서** 만들기	초등학생을 위한 우리 고장 옛이야기 그림책 표지 만들기

화話 표현하기
② 우리 고장 엑스포 개최
우리가 만든 초등학생을 위한 홍보 자료를 **어떻게 소개할까?**
엑스포에서 **발표자와 관람객이 지켜야 할 규칙** 알기
초등학생을 위한 우리 고장 홍보 자료를 소개하는 **엑스포 참여하기**
발표자와 관람객으로 참여한 **엑스포 활동 되돌아보기**

❸ 우리 고장의 문화유산 [역사 투어]

지知 알기	역易 재가공하기
문화유산 알기	역사 투어 만들기
지역 화폐 속에 **우리 고장 문화유산이?**	문화유산 조사하며 **어려웠던 점** 생각하기
우리 고장의 문화유산 **살펴보기**	초등학생을 위한 우리 고장 **역사 투어 계획하기**
우리 고장 문화유산 **조사하기**	초등학생을 위한 우리 고장 **역사 투어 코스 만들기**
우리 고장 문화유산 **조사보고서** 만들기	우리 고장 **역사 투어 코스 발표회**

화話 표현하기
③ 학생용 자료 제작 제안
초등학생을 위한 홍보 자료를 만들며 **어려웠던 점은?**
초등학생을 위한 홍보 자료를 **실제 활용할 수 있는 방법** 찾기
공공기관에 의견을 제안하는 편지 쓰는 방법 탐구하기
초등학생을 위한 홍보 자료의 **제작을 제안하는 편지 쓰기**

[우리 고장 평택 프로젝트 기획안]

⑤ 핵심 활동 및 루틴 정하기

우리 고장 평택 프로젝트			교과 중심
도입	주된 활동 루틴	마무리	

도입	주된 활동 루틴	마무리
<동> 우리 고장 홍보 자료 살펴보기	1. 고장의 정보 알기 2. 기존의 자료 재가공하기 3. 초등학생을 위한 자료 만들기 4. 발표 및 표현하기	**<결과물>** 초등학생을 위한 우리 고장 소개 자료 만들기 **< 활 동 >** 1. 우리 고장 굿즈 공모전 2. 우리 고장 엑스포 개최 3. 학생용 자료 제작 제안 편지 쓰기 (시청 홍보과)
<1> 우리 고장 소개 자료의 개선할 점 찾기		
<2> 개선 방법 생각하기		
<3> 초등학생을 위한 우리 고장 소개 자료 계획하기		

⑥ 한 장 정리

차시	방법	재구성 내용
1	강의	우리 고장의 여러 장소 살펴보기
2-3	실습	우리 고장의 모습 그려 보기
4-5	탐구	우리 고장의 모습 비교하기 + 생각 나누기
6	강의	프로젝트 도입
		평택의 여러 상징 알아보기
7	강의	디지털 영상 지도 활용 방법 익히기
8-9	실습	디지털 영상 지도로 평택의 주요 장소 위치 살펴보기
10-11	실습	평택의 주요 장소 살펴보기 (평택 관광 지도, 홍보 책자)
12-13	실습	평택의 주요 장소 백지도에 나타내기
14-15	조사	평택 시티 투어 계획하기
16-17	조사	평택 시티 투어 소개 자료 만들기
18-19	발표	평택 시티 투어 발표 및 전시회
20-22	조사	평택의 옛이야기 읽기
23-24	실습	평택의 옛이야기 '그림책 표지' 만들기
25-26	강의	평택의 문화유산 살펴보기 (유형, 무형)
27-28	실습	평택의 문화유산 백지도에 나타내기
29-30	조사	평택 역사 투어 계획하기

31-32	조사	평택 역사 투어 소개 자료 만들기	
33-34	발표	평택 역사 투어 발표 및 전시회	
35-36	창의	프로젝트 마무리	평택 굿즈 만들기 공모전
37-38	창의		우리 고장 홍보 박람회(엑스포) 개최하기
39-40	실습		초등학생용 홍보 자료 제작 의뢰 편지 쓰기
총 40 차시	사회 34 + 국어 2 + 미술 4		

[우리 고장 프로젝트 한 장 정리표]

⑦ **마중그림**(이름, 표지) **만들기**

(출처 - Canva)

⑧ 시각화 자료 만들기

제안서 만들기	학생들이 만든 자료를 인쇄하고 제본하여 제안서 형식으로 완성한다. 완성된 제안서는 초등학생을 위한 홍보 자료로 활용될 수 있도록 시청 홍보과에 발송한다. 이를 통해 학생들은 학습 결과물이 실제로 적용되는 경험을 한다.
패들렛 활용	학생들은 캔바를 활용해 만든 자료를 패들렛에 모아 하나의 포트폴리오로 구성한다. 패들렛은 자료를 공유하고 시각적으로 정리하는 플랫폼으로 활용된다. 이를 통해 학생들의 작업물을 한눈에 확인하고 성과를 공유할 수 있다.

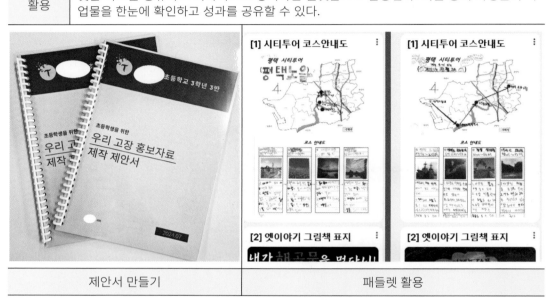

제안서 만들기	패들렛 활용

[우리 고장 프로젝트 시각화 자료]

[블록 쌓기: 설계하기]

프로젝트 수업 계획하기 8단계	블록 쌓기 TIP
① 굳이 프로젝트 수업을 해야 하는 이유 찾기	1) 초등학생을 위한 고장 소개 자료 부족 2) 학생들 스스로 자료를 조사하는 데 어려움이 있음
② 방법 정하기 (교과 중심 VS 주제 중심)	교과 중심 프로젝트 1) 중심 교과 – 사회 2) 뒷받침 교과 – 국어, 미술, 창체 등
③ 중심 교과 정하기 + 성취 기준 분석	1) 가르칠 내용 – 우리 고장의 주요 장소, 옛이야기, 문화유산 2) 가르칠 방법 – 강의, 탐구 학습, 실습
④ 활동 브레인스토밍	[방법 2] 프로젝트 수업 기획안 작성하기 1. 프로젝트 주제와 관련된 하고 싶은 활동 적기 2. 다른 교과의 교육과정에서 (1)에서 떠올린 활동들 적기 3. 기획안 작성하기

⑤ 핵심 활동 및 루틴 정하기	1) 도입 활동 – 우리 고장 홍보 자료 살펴보기 2) 마무리 활동 – 초등학생을 위한 우리 고장 소개 자료 만들기 3) 주된 활동 루틴 – 자료 제작 및 발표
⑥ 한 장 정리	76쪽 우리 고장 평택 프로젝트 한 장 정리표 참고
⑦ 마중그림 (이름, 표지) 만들기	 (출처 - Canva)
⑧ 시각화 자료 만들기	
	제안서 만들기 / 패들렛 활용

(2) 실천하기

① 도입 활동 - 우리 고장의 시티 투어 코스와 옛이야기 그림책 표지 만들기

우리 고장의 주요 장소에 대해 공부하고 우리 고장에 전학을 오거나 여행을 오는 초등학생들을 위한 시티 투어 코스를 직접 만든다. 그리고 시청에 옛이야기 그림책 제작을 의뢰하기 위해 옛이야기를 알아보고 그림책 표지를 만든다.

시티 투어 코스 계획하기

평택 시티 투어(여행) 코스 정하기

이름 (   )

1. 소개책, 관광지도를 보며 아래의 주요 장소들을 조사합니다.
2. **평택에 전학오거나 놀러온 초등학생 친구**에게 추천해 줄 장소를 3~4곳 정합니다.
3. 선택한 추천 장소를 바탕으로 **시티투어(여행)** 코스 이름을 정합니다.
   (예시) 힐링코스, 음악코스, 캠핑코스, 나들이코스, 배부른 코스 등

시티투어(여행) 코스 이름	

번호	자료	종류	평택의 주요 장소	조사 여부 (O)	추천 여부 (O)
1	소개책	문화	한국소리터&한국근현대음악관		
2	소개책	문화	평택호예술관		
3	소개책	문화	해군2함대 안보공원		
4	소개책	문화	농업생태원		
5	소개책	문화	통복시장 청년숲		
6	소개책	문화	안정리 로데오거리		
7	소개책	문화	웃다리문화촌		
8	소개책	문화	신장쇼핑몰		
9	소개책	문화	예술인광장		
10	소개책	힐링	소풍정원		
11	소개책	힐링	진위천유원지		
12	소개책	힐링	평택호관광단지		
13	소개책	힐링	평택항		
14	소개책	힐링	오성강변 유채꽃길		
15	소개책	힐링	원평나루 갈대숲		
16	소개책	힐링	내리문화공원		
17	소개책	힐링	부락산문화공원		
18	관광지도	문화	오썸플렉스		
19	관광지도	힐링	바람새마을		
20	관광지도	문화	지영희국악관		
21	관광지도	문화	평택항 홍보관		

시티 투어 코스 만들기

옛이야기 그림책 표지 (캔바)

(출처 - Canva)

② 전개 활동 - 우리 고장의 문화유산을 알아보고 역사 투어 코스 만들기

역사 투어 코스 계획하기

평택 역사 투어(여행) 코스 정하기

이름 (   )

1. 소개책, 평택문화원 자료를 보며 아래의 주요 장소들을 조사합니다.
2. <u>평택에 전학오거나 놀러온 초등학생 친구에게 추천해 줄 장소를 4곳 정합니다.</u>
3. 선택한 추천 장소를 바탕으로 역사투어(여행) 코스 이름을 정합니다.
   (예시) 평택의 멋 코스, 평택의 나들이 코스, 평택의 사찰 나들이

역사투어 코스 이름	

번호	종류	평택의 문화유산	조사 여부 (O)	조사방법
1	유형	농성		
2	유형	대동법시행기념비		인터넷
3	유형	만기사 철조여래좌상		
4	무형	서각장		인터넷
5	유형	수도사-원효대사 깨달음 체험관		인터넷
6	유형	신숙주 사당		소개책
7	유형	심복사 석조비로자나불좌상		소개책
8	유형	안재홍생가		소개책
9	유형	역사유적근린공원(청동기 유적터)		인터넷
10	유형	원균 유적지		소개책
11	유형	원정리 봉수대		인터넷
12	유형	이대원 장군묘 및 신도비		소개책
13	유형	자미산 성지		인터넷
14	유형	정도전 유적지		소개책
15	무형	지화장		인터넷
16	유형	진위3·1운동 기념비		인터넷
17	유형	진위향교		소개책
18	유형	최유림 장군 묘		인터넷
19	유형	충의각 (오달제, 조광조 비석)		인터넷
20	유형	평성읍 객사		소개책
21	무형	평택 농악		인터넷
22	무형	평택 민요		인터넷
23	유형	평택 3·1운동100주년 기념비		인터넷
24	유형	평택향교		소개책
25	유형	한온장군 충신정문		인터넷
26	유형	홍학사 비각		인터넷

평택 역사 투어(여행) 코스 계획하기

이름 (   )

1. 소개책, 평택문화원 자료를 보며 아래의 주요 장소들을 조사합니다.
2. <u>평택에 전학오거나 놀러온 초등학생 친구에게 추천해 줄 장소를 3곳 정합니다.</u>
3. 선택한 추천 장소를 바탕으로 역사투어(여행) 코스 이름을 정합니다.
   (예시) 평택의 멋 코스, 평택의 소리 코스, 평택의 사찰 코스

역사투어 코스 이름	

1. 평택의 문화유산 중 역사투어에 넣을 <u>3곳</u>을 선택하세요.
2. 이해하기 쉬운 낱말을 사용하여 설명을 간단하게 적으세요.

	선택장소	설명
예시	수도사 원효대사 깨달음체험관	● 원효대사가 해골물을 마시고 깨달음을 얻었다는 곳 ● 당나라 유학길에 오르던 중 수도사 부근 동굴에서 해골물을 마시고 깨달음을 얻음.
장소1		
장소2		
장소3		

3. 자료 찾는 곳

① 우리고장 평택 113~116쪽	② 평택 소개 책	③ 평택문화원 홈페이지 (태블릿)

1부
2부
3부

역사 투어 코스 만들기 (캔바)

평택역사투어

평택의 보물
평택역사투어

<출처> 평택문화원

평택역사투어

평택의 보물

🌿 만기사 철조 여래 좌상

🏛 진위향교

🌸 정도전 유적지

<출처> 평택문화원

평택역사투어

만기사철조
여래좌상

고려시대 대 철로 만들여졌지만
(철조)수리과정에서 금칠을함.
금으로 칠해서   빛이남.

<출처> 평택문화원

평택 역사 투어

진위향교

-졸졸졸 흐르는 진위천과 넓은
들판이 예름
-오래된 회화 나무의 그늘도 시원함

<출처> 평택문화원

(출처 - Canva)

③ 정리 활동 – 우리 고장 굿즈 공모전 참가하기, 제안하는 편지 쓰기

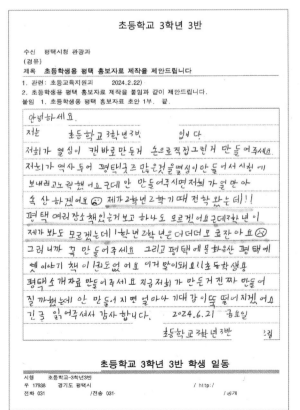

[블록 돌아보기: 성찰과 성장]

학생들이 우리 고장에 대해 배운 내용을 통해 직접 자료를 개발해 보고, 공공기관에 제안해 보는 점이 흥미로웠다. 교과서에서 배운 지식들이 실생활에 유용하게 적용될 수 있었기에 흥미를 가지고 참여하였다. 공공기관에 제안하는 편지를 쓰는 과정을 통해 더 살기 좋은 우리 고장을 만드는 일에 직접 참여해 볼 수 있었다. 또한, 캔바와 패들렛이라는 에듀테크를 활용하여 자료를 개발하고, 공유하는 과정에 학생들이 주도적으로 참여할 수 있었다.

다만, 활동에는 몰입적으로 참여하였지만 에듀테크 도구의 기본 기능들을 익히는 과정에서 시간이 계획보다 다소 초과되었다. 또한, 학생들이 우리 고장의 주요 장소나 문화유산을 직접 방문해 본 경험이 많지 않아 다양한 자료를 개발하는 데에도 어려움이 있었다.

다음에 관련된 프로젝트를 하게 된다면 학교 교육과정과 연계하여 우리 고장의 주요 장소나 문화유산들을 직접 방문해 보거나 관련 전문가를 학교로 초청하여 학생들과 직접 만날 수 있는 체험 교육을 하게 된다면 더욱 의미 있는 프로젝트 수업이 될 것으로 기대된다.

1부

2부

3부

[블록 연결하기: 에듀테크 활용법]

캔바(Canva)로 역사 투어 코스 자료 만들기

캔바는 프레젠테이션, 포스터, 인포그래픽 등 다양한 자료를 제작할 수 있는 그래픽 디자인 도구이다. 웹브라우저와 앱에서 모두 사용할 수 있으며 학교에 보급된 태블릿PC를 활용해서도 손쉽게 사용할 수 있다. 특히 구글 계정 로그인만 되어 있으면 학생들의 제작 과정을 교사의 PC에서 실시간으로 확인 및 피드백을 할 수 있다. 또한, 다양한 템플릿을 제공하고, 방대한 양의 라이브러리(이미지, 아이콘, 글꼴, 동영상, 오디오) 등을 활용할 수 있기에 학생들도 쉽게 양질의 자료를 제작할 수 있는 도구이다.

1. https://www.canva.com/ko_kr/ 또는 앱을 다운로드해 구글(Google) 계정으로 가입한다.
   - 교사 인증을 하면 캔바 Pro 기능을 모두 활용할 수 있다.
2. 템플릿 선택하기
   - 원하는 디자인의 템플릿을 선택한다. (프레젠테이션, 포스터, SNS 이미지 등)
3. 디자인 편집(텍스트, 이미지/아이콘, 배경, 애니메이션 등)
4. 저장 및 공유(PDF, PNG, JPG, MP4)

(출처 - 평택문화원)

2) 독도의 날 프로젝트

"우리 반만 하는 프로젝트가 지겹다면? 전교생 단위 프로젝트 어렵지 않아요."

(1) 계획하기

① 굳이 프로젝트 수업을 해야 하는 이유 찾기

독도의 날 계기 교육을 할 때면 진도에 쫓겨 일회성 활동을 하며 독도의 날을 보내곤 했다. 선생님들이 가장 많이 하는 활동으로는 독도와 관련된 영상 시청, 독도 꾸미기(그리기 포함), 독도 퀴즈 풀기 정도일 것이다. 나도 그렇게 했다. 하지만 이렇게 활동을 하고 나서 '아이들이 정말 독도에 대해 깊이 있게 생각하고 지금 배운 지식이 오랫동안 기억에 남을까?'라고 스스로 자문하면 대답하기 어려울 때가 더 많았다. 그래서 "어떻게 하면 독도의 날에 배운 내용을 오래 기억하고 이 내용을 많은 사람과 공유할 수 있을까?"라는 질문이 떠올랐다.

② 방법 정하기 (주제 중심 프로젝트 수업)

독도의 날 프로젝트는 10월에 계기 교육 일환으로 함께할 수 있는 주제 중심 프로젝트다. 고학년의 경우에는 사회에서 '독도'에 대해 깊이 있게 다루기 때문에 중심 교과를 '사회'로 넣어 교과 중심 프로젝트 수업으로도 진행할 수 있다. 하지만 3~4학년의 경우 교과에서 '독도'에 대해 별도로 다루지 않기 때문에 국어 교과를 주로 활용하여 발표 자료를 찾고 만드는 교과 중심 프로젝트 수업으로 활동을 진행할 수 있다.

③ 중심 교과 정하기 + 성취 기준 분석하기 (무엇을, 어떻게)

성취 기준	가르칠 내용		가르칠 방법	수업 방법
4국01-04	상황과 상대의 입장을		**이해**하고	토의·토론
	예의를 지키며		**대화**한다.	
4국01-05	목적과 주제에 알맞게 **자료**를		**정리**하여	발표
	자신감 있게		**발표**한다.	

	주제에 **적절한 의견과 이유를 제시**하고	**제시**하고	토의·토론
4국01-06	**서로의 생각을 교환**하며	**토의**한다.	
4국03-03	대상에 대한 **자신의 의견과 그렇게 생각한 이유**가 드러나게	**글을 쓴다.**	글쓰기
4국03-05	자신의 **쓰기 과정**을	**점검**하며	
	쓰기에 **자신감**을	**갖는다.**	
4국06-01	인터넷에서 **학습에 필요한 다양한 자료**를	**탐색**하고	
	목적에 맞게 **자료**를	**선택**한다.	
4국06-02	매체를 활용하여 **간단한 발표 자료**를	**만든다.**	조사 학습
4국06-03	**매체 소통 윤리**를	**고려**하여	
	매체 자료를 활용하고	**공유**한다.	
4미02-05	**미술과 타 교과를 관련지어** 주제를 표현하는 데 **흥미**를	**가질 수 있다.**	
4미01-04	**생활 속에서 활용되는 미술**에 관심을	**가지고**	실습
	미술의 특징과 역할을 발견	**할 수 있다.**	
4체03-05	**기본 움직임 기술**을 리듬에 맞춰	**표현한다.**	

[3~4학년군 성취 기준 분석표 (2022개정 교육과정 기준)]

성취 기준	가르칠 내용	가르칠 방법	수업 방법
6국01-01	구어 의사소통의 특성을 바탕으로 하여 **듣기·말하기 활동**을	**한다.**	토의·토론
6국01-02	**의견을 제시하고 함께 조정**하며	**토의**한다.	토의·토론
6국02-01	**읽기는 배경지식을 활용하여 의미를 구성하는 과정**임을 이해하고 글을	**읽는다.**	탐구 학습
6국01-04	**자료를 정리하여 말할 내용**을 체계적으로	**구성**한다.	실습
6국01-05	**매체 자료를 활용하여 내용**을 효과적으로	**발표**한다.	실습
6국04-01	언어는 **생각을 표현**하며 **다른 사람과 관계를 맺는 수단**임을	**이해**하고	실습
	국어 생활을	**한다.**	
6사08-01	**독도를 지키려는 조상들의 노력을 역사적 자료**를 통하여	**살펴보고**	강의식
조사 학습
	독도의 위치 등 지리적 특성에 대한 이해를 바탕으로 하여 **영토 주권 의식**을	**기른다.**	

6미01-05	미술 활동에 **타 교과의 내용, 방법** 등을	**활용**할 수 있다.	실습
6체04-06	정해진 주제나 소재의 특징적인 면을 살려 **신체 활동으로 표현하는 데 적합한 기본 동작을 다양한 상황**에	**적용**한다.	
6체04-07	주제 표현 활동을 하는 데 필요한 다양한 표현 방법을 바탕으로 개**인 또는 모둠별로 작품을 창의적으로 이를**	**구성하여 발표**하고 **감상**한다.	

[5~6학년군 성취 기준 분석표 (2015 개정 교육과정 기준)]

④ 활동 브레인스토밍

독도의 날 프로젝트를 계획하기 위해 세운 큰 틀은 '우리가 공부한 독도에 대한 지식과 독도의 날을 많은 사람에게 알린다'는 것이었다. 우리 반에서만 이뤄지는 프로젝트가 아니라 전교생을 대상으로 해야겠다고 마음먹었다.

그러던 중 예전에 인터넷에서 보았던 위안부 캠페인이 떠올랐다. 이 캠페인은 사람들의 호기심을 불러일으키는 문구와 QR코드 포스터로 사람들의 눈길을 사로잡았다. 이 캠페인의 방식을 활용해 우리도 학교의 층별 미션을 하기로 했다. 미션은 카드뉴스를 읽고 포스터를 보는 것에서 시작했다. 그 안에서 나오는 중요한 단어를 찾는다거나 영상에 나오는 인물의 이름을 쓰는 것 등으로 누구나 참여할 수 있도록 했다. 1층부터 5층의 게시판을 활용해 층별 QR 포스터를 게시하고 학생들의 참여를 독려했다. 다만, 이 활동을 수업 시간에 할 수는 없었기에 수업 시간을 이용해 자료를 만들거나 계획하고 점심시간을 활용해 운영했다.

⑤ 핵심 활동 및 루틴 정하기

독도의 날 프로젝트		주제 중심
도입	주된 활동 루틴	마무리
<동> 독도가 왜 우리 땅일까?	1. 조사한 자료를 바탕으로 부서별 활동 계획 세우기 2. 부서별 활동 준비하기 3. 부서별 독도 챌린지 운영 - QR 포스터로 홍보	**<결과물>** 독도 챌린지 자료 **< 활 동 >** 1. 독도 챌린지 소감문 작성 2. 독도 챌린지 기념 파티하기
<1> 독도에 대한 자료 조사하기		
<2> 독도 플래시몹 연습하기		
<3> 독도 골든벨 참여하기		
<정> 독도에 대한 정보 정리하기		

⑥ 한 장 정리

차시	성취 기준	과목	내용
1-2	**[6국01-01]** 구어 의사소통의 특성을 바탕으로 하여 듣기·말하기 활동을 한다. **[6국01-02]** 의견을 제시하고 함께 조정하며 토의한다. **[6국02-01]** 읽기는 배경지식을 활용하여 의미를 구성하는 과정임을 이해하고 글을 읽는다.	국어, 사회	▶ 모둠원과 협의를 통해 독도에 대해 조사 할 내용 정하기 ▶ 독도에 대한 자료 조사하여 정보 얻기
3-6	**[6국01-04]** 자료를 정리하여 말할 내용을 체계적으로 구성한다. **[6국01-05]** 매체 자료를 활용하여 내용을 효과적으로 발표한다.	창체 (자율)	▶ 부서별 활동 자료 제작하기 ※ 수업 시간 내에 제작하지 못했을 경우 점심시간이나 쉬는 시간, 방과 후 시간을 활용함
7-8	**[6국04-01]** 언어는 생각을 표현하며 다른 사람과 관계를 맺는 수단임을 이해하고 국어 생활을 한다.	창체 (자율)	▶ 부서별 자료 만들고 교내 홍보하기 ※ 교내 홍보는 쉬는 시간 및 점심시간 활용
9	**[6사08-01]** 독도를 지키려는 조상들의 노력을 역사적 자료를 통하여 살펴보고, 독도의 위치 등 지리적 특성에 대한 이해를 바탕으로 하여 영토 주권 의식을 기른다.	사회	▶ 도서부가 만든 퀴즈를 가지고 독도 골든벨 참여하기
10	**[6미01-05]** 미술 활동에 타 교과의 내용, 방법 등을 활용할 수 있다.	미술	▶ 독도 키링 만들기
11-13	**[6체04-06]** 정해진 주제나 소재의 특징적인 면을 살려 신체 활동으로 표현하는 데 적합한 기본 동작을 다양한 상황에 적용한다. **[6체04-07]** 주제 표현 활동을 하는 데 필요한 다양한 표현 방법을 바탕으로 개인 또는 모둠별로 작품을 창의적으로 구성하여 발표하고 이를 감상한다.	체육 (표현)	▶ 독도 플래시 몹 연습하기 ※ 어디에서 영상을 촬영할지, 장소 확인하기 ※ 어떤 대형이나 구성으로 설 것인지 학생들끼리 대형 조정하기
14	프로젝트 축하 및 공동체 관계 형성	창체 (자율)	▶ 독도에 기부되는 과자 구입하여 과자 파티하며 프로젝트 결과 축하하기

[독도의 날 프로젝트 한 장 정리표 (2015 개정 교육과정 기준)]

⑦ **마중그림**(이름, 표지) **만들기**

⑧ **시각화 자료 만들기**(결과물)

독도 수호 플래시 몹	독도 설명 포스터	독도 캐릭터 제작

(출처 - 미리캔버스)

키링 만들기 (출처 - G마켓 알파벳 키링 만들기 kit)	안용복 영상 제작	독도 챌린지 도장

영상 제작시 주의점

1. 공간 확보
2. 촬영 시나리오 쓰고 확인받기
3. 시나리오에 따라 촬영하기 (교사 임장 지도)

포스터 보고 미션지 챙겨 2층으로 가세요

[블록 쌓기: 설계하기]

프로젝트 수업 계획하기 8단계	블록 쌓기 TIP
① 굳이 프로젝트 수업을 해야 하는 이유 찾기	1) 우리 땅 독도에 대한 지식 습득 및 독도의 날에 대한 의미 되새기기 2) 독도의 날을 전교생에게 알리는 프로젝트
② 방법 정하기 (교과 중심 VS 주제 중심)	주제 중심 프로젝트로 '독도의 날' 계기 교육과 관련하여 독도에 대한 올바른 지식을 배우고 배운 지식을 학교의 학생들에게 알리는 미션을 계획하여 운영함.
③ 중심 교과 정하기 + 성취 기준 분석	중심 교과는 사회 및 국어 교과이고 그밖에 체육, 창체, 미술 시간을 활용해 프로젝트를 준비했다. 실습 위주의 수업으로 자료를 직접 조사하고 만들고 운영하는 방식을 활용함.
④ 활동 브레인스토밍	**[방법 1] 중심 교과의 차시 내용별 폴더 만들기** 1. 교과서 차시 내용별로 폴더를 하나씩 만들기 2. 인터넷의 여러 자료를 훑어보며 자료 다운로드 3. 다운로드한 교육 자료를 하나씩 정독 및 재구성
⑤ 핵심 활동 및 루틴 정하기	1) 독도가 왜 우리 땅인지 이유 말하기 2) 독도 배경지식 쌓기 3) 독도 플래시 몹 연습/촬영하기 4) 독도 골든벨하기 5) 부서별 독도 챌린지 미션 계획 및 준비하기 6) 부서별 독도 챌린지 미션 운영하기 7) 소감 글쓰기
⑥ 한 장 정리	87쪽 독도의 날 프로젝트 한 장 정리 참고
⑦ 마중그림 (이름, 표지) 만들기	

⑧ 결과물

독도 소개 포스터	독도 환경 퀴즈	독도 소개 카드뉴스
608독도소개포스터	608독도챌린지(4)	608독도소개카드뉴스

(2) 실천하기 (2015 개정 교육과정 6학년으로 실천한 내용)

① 도입 활동 – 학급 자치 부서 조직하고 부서별 활동 계획하기

내가 고학년 담임을 하면서 가장 중요하게 생각했던 부분은 학급 자치를 활성화하는 일이었다. 그래서 3월에는 학급에 필요한 자치 부서가 무엇인지 이야기하고 부서를 조직했다. 또 각 부서의 특징에 맞는 1년 계획을 세운 뒤 매주 창제(자율) 시간을 활용해 활동했다. 활동 내용이 바뀌거나 수정되면 그 주에 부서장이 따로 와서 필요한 것을 교사에게 말하고 의논하여 바꿔서 활동하기도 했다. 학생들이 조직한 부서는 크게 5가지였다. PEPE(체육부), 야, 너두 할 수 있어(학습부), 환경 5인방(환경부), 컬러부(문집부), 행사요정부(행사부)

독도의 날 프로젝트를 하기 위해서 각 부서별 특징을 살려 운영했다. 이 프로젝트를 계획하고 실행하는 데 적어도 2주 정도의 시간이 소요된다. 첫째 주에는 학생들이 자체적으로 독도에 대해 조사하며 정보를 쌓는 시간이 필요하다. 이때는 태블릿 등의 전자 기기를 활용하되 사회 교과서, 도서 등을 함께 활용해 정보를 얻는다. 그렇게 습득한 지식을 바탕으로 각 부서의 목적에 맞는 활동을 세부적으로 계획한다.

② 전개 활동 – 계획한 활동 실행하기

부서별로 계획한 활동에 대한 구체적인 예를 들면 다음과 같다. 먼저, '야, 너두 할 수 있어'(학습부)는 학생들에게 독도에 대한 전반적인 내용을 알리고 싶어 했다. 학생들이 독도에 대해 알아야 하는 내용을 조사해 카드뉴스를 만들었다. 미리 캔버스로 카드뉴스를 제작한 뒤에는 QR코드에 링크를 걸어 학생들이 QR로 접속하면 내용을 확인할 수 있도록 했다.

환경부는 우리 반 학생들이 함께 참여할 수 있는 퀴즈를 만들었다. 사회 교과서에 나오는 내용과 새롭게 습득한 지식을 바탕으로 미리캔버스 ppt를 탬플릿을 활용해 퀴즈를 만들었다. 우리 반 학생들은 보드판과 보드마카를 사용해 골든벨 퀴즈를 풀었다.

컬러부의 경우 그림 그리거나 만드는 것을 좋아하는 친구들이 많이 모여 있었다. 그래서 활동을 마치고 미션을 다 수행한 친구들에게 주기 위한 기념품을 제작했다. 독도에서 볼 수 있는 독도새우, 강치, 괭이갈매기를 캐릭터화하여 마그넷, 그립톡, 책갈피, 키링 등을 제작했다.

이렇게 만들어진 자료를 층별로 배치하고 포스터를 붙여 홍보했다. 점심시간을 활용해 학생들이 각 층에서 방법을 안내했고, 많은 학생이 참여했다. 1층부터 올라오면서 포스터를 보고, 환경 퀴즈를 풀고 플래시 몹을 감상하고 4층 교실에 도착해서 상품을 받아 갔다.

③ **정리 활동 – 반 전체가 참여할 수 있는 활동하기** (플래시 몹, 독도 키링 만들기, 다른 학년과 공유하기)

6학년 정도 되면 다른 사람 앞에서 자신의 몸동작을 표현하고 보여 주는 것을 극도로 꺼려한다. 하지만 초등에서는 다양한 경험이 필요하다. 아이들이 싫어하는 것이라도 내가 좋아하는 친구가 주도적으로 알려 주고 연습하다 보면 조금 더 따라오기 마련이다. 그래서 표현 활동 주제로 "독도 플래시 몹"을 계획했다.

미술 시간에는 독도 키링을 만들었다. 독도를 영어로 표현할 수 있는 Dokdo 키링은 특별히 영어 글자를 주문 제작할 수 있는 업체에 맡겨 일정 분량을 Dokdo로 받을 수 있도록 했다.

프로젝트의 시작만큼이나 중요한 것이 있다면 그건 바로 마무리다. 10월 25일이 독도의 날이기 때문에 독도의 날 전에 아이들과 프로젝트를 진행하고 독도의 날을 기념하여 아이들과 과자 파티를 했다. 과자도 그냥 과자가 아니다. 온라인상에서 찾아보면 독도에 기부가 되는 과자 세트가 있다. 우리가 한 활동을 전 학년에 알리는 뜻깊은 행사와 더불어 독도에 기부되는 과자를 먹으며 프로젝트 마무리를 축하하는 것은 아이들에게 의미 있는 시간이 될 수 있다.

[블록 돌아보기: 성찰과 성장]

독도의 날 프로젝트는 시간과 노력이 많이 들어간 프로젝트다. 단체로 하는 활동의 경우 시간을 명확하게 정해 두고 활동하는 게 필요하다. 플래시 몹을 연습할 때는 학생들마다 춤에 대한 친숙도, 표현 능력, 숙련도 등이 다르기 때문에 연습 기간, 촬영 날짜(결석생 등 체크), 대형 등을 미리 생각해 두어야 한다.

독도 챌린지 전체를 운영할 때는 운영 방법과 규칙에 있어서 학생들과 명확히 이야기할 필요가 있다. 독도 챌린지는 교육과정상 점심시간에 전교생을 대상으로 운영하였기 때문에 어느 부서의 누가 몇 교시 쉬는 시간에 활동을 도울 것인지 역할을 정하는 것이 필요하다. 만일 이때 역할 분담이 제대로 되지 않으면 원래 참여를 했던 학생들이 계속 하거나 자리가 비어서 참여하는 학생들이 어려움을 겪을 수 있다.

독도의 날 프로젝트를 하면서 준비하지 못해서 아쉬웠던 것은 층별로 태블릿을 설치하지 못한 것이다. 휴대전화가 없는 학생들도 있기 때문에 태블릿을 설치했다면 보다 원활한 진행이 가능했을 것 같다.

이 프로젝트를 마친 뒤에 학생들의 소감을 보니 '좋았다', '뿌듯했다', '스스로 독도에 대해 더 관심을 갖게 되었다'라는 의견이 많았다. 함께 프로젝트를 계획한 나도 뿌듯했다.

[블록 연결하기: 에듀테크 활용법]

구글 설문, 영상 편집 블로, 키네마스터, 네이버 QR코드 활용하기

이 프로젝트는 다양한 에듀테크를 접목했다. 부서별로 활용하는 주제가 달랐던 만큼 그 주제에 맞는 도구를 활용했다.

1. 문제 만드는 것도 쉽게, 푸는 것도 쉽게 **구글 설문 활용**하기

- 구글에서 활동 설문조사 클릭 > 설문조사 시작하기를 클릭 > 질문을 입력 > 설문조사 옵션을 추가한다. 설문조사 옵션을 주관식, 객관식 중에 선택하고 설문에 대한 답변을 필수로 하고 싶을 경우 필수를 체크한다. 링크를 복사해 설문을 할 수 있도록 하거나 QR코드로 공유할 수 있다.

2. 영상 편집, 블로와 키네마스터 활용하기

- 역할극과 같이 상대적으로 긴 호흡의 영상을 편집할 때 쉽게 사용할 수 있는 앱은 블로와 키네마스터가 있다. 먼저 새 프로젝트를 클릭하여 내가 촬영한 영상을 불러온 뒤 영상 사이즈를 정한다. 보통 가로 영상을 제작할 때 16:9 사이즈를 많이 활용한다. 영상에 추가해야 할 사진 등이 있으면 미디어에서 사진이나 영상을 추가할 수 있다. 소리를 넣고 싶을 때는 음성 녹음을 활용할 수도 있고, 효과음을 활용할 수도 있다. 장면 전환 등의 효과를 사용하고 싶을 때는 미디어에서 영상과 영상 사이의 점을 눌러 효과를 추가할 수 있다. 모두 편집한 뒤에는 공유하기를 눌러 내보낸다.

3. 간편하게 QR코드를 만드는 **네이버 QR코드**

- 우리가 이 프로젝트를 전교에서 시행했을 때 중요한 것은 저학년 학생들의 접근성이었다. 어떻게 학생들이 우리가 만든 포스터, 퀴즈 등에 참여할 수 있을까? 이러한 질문에서 나온 해결책이 QR코드였다. 네이버 QR코드의 사용법은 간단하다. 검색 엔진에 네이버 QR코드를 검색해 접속 > 코드 생성을 클릭 > 코드 스타일, 스킨 스타일을 중앙 로고 삽입 여부, 문구 컬러를 선택 > 페이지 유형을 선택한다. 보통 URL 링크를 많이 선택한다. 마지막으로 페이지 제목과 설명을 적는다. QR 비공개를 클릭하면 외부 페이지를 공개하지 않을 때 다시 비공개로 바꿀 수도 있다.

2. 3~4학년군 프로젝트 수업

3) 호기심 천국 15분 강의 프로젝트

"수업 진도가 끝난 학기말, 학생이 직접 강의를 한다고?"

(1) 계획하기

① 굳이 프로젝트 수업을 해야 하는 이유 찾기

국어를 꾸준히 가르치다 보니 '국어 학습 내용이 실생활과 자신의 삶에 조금 더 직접적으로 활용될 수 없을까'라는 생각이 들었다. 국어 시간에는 공감 방법, 읽기 방법, 요약 방법, 토론·토의 방법, 설득 방법 등 다양한 사회적 기술들을 배우는 데 수업 시간에 배우는 것은 마치 가상의 설정된 상황에서 배우는 듯한 느낌이 들었다. 그래서 국어 시간에 배운 사회적 기술들을 종합하여 활용할 수 있는 활동들에 대해 생각하게 되었다.

그리고 5학년 실과 마지막 단원은 '나와 직업'이라는 단원인데, 이 단원과 연계하여 학기말에 학생들이 직접 참여하여 활동할 수 있는 프로젝트를 계획해 보기로 하였다.

② 방법 정하기 (교과 중심 프로젝트 수업)

교과 중심 프로젝트	국어 단원의 사회적 기술 + 실과 진로 단원

③ 중심 교과 정하기 + 성취 기준 분석하기

과목	영역	성취 기준
국어	듣기 말하기	[4국01-01] 중요한 내용과 주제를 파악하며 듣고 그 내용을 요약한다. [4국01-03] 상황에 적절한 준언어·비언어적 표현을 활용하여 듣고 말한다. [4국01-04] 상황과 상대의 입장을 이해하고 예의를 지키며 대화한다. [4국01-05] 목적과 주제에 알맞게 자료를 정리하여 자신감 있게 발표한다.
	읽기	[4국02-01] 글의 의미를 파악하며 유창하게 글을 읽는다. [4국02-05] 글이나 자료의 출처가 믿을 만한지 판단한다.

2. 3~4학년군 프로젝트 수업

국어	쓰기	[4국03-02] 절차와 결과가 드러나게 정확한 표현으로 보고하는 글을 쓴다. [4국03-04] 목적과 주제를 고려하여 독자에게 마음을 전하는 글을 쓴다.
	문법	[4국04-05] 언어가 의사소통과 관계 형성의 수단임을 이해하고 국어를 소중히 여기는 태도를 지닌다.
	매체	[4국06-01] 인터넷에서 학습에 필요한 다양한 자료를 탐색하고 목적에 맞게 자료를 선택한다. [4국06-02] 매체를 활용하여 간단한 발표 자료를 만든다. [4국06-03] 매체 소통 윤리를 고려하여 매체 자료를 활용하고 공유한다.

[3~4학년군 성취 기준 분석표 (2022 개정 교육과정 기준)]

과목	단원	성취 기준
국어	1단원	[6국01-07] 상대가 처한 상황을 이해하고 공감하며 듣는 태도를 지닌다. [6국03-02] 목적이나 주제에 따라 알맞은 내용과 매체를 선정하여 글을 쓴다.
	2단원	[6국02-01] 읽기는 배경지식을 활용하여 의미를 구성하는 과정임을 이해하고 글을 읽는다. [6국03-05] 체험한 일에 대한 감상이 드러나게 글을 쓴다.
	4단원	[6국03-02] 목적이나 주제에 따라 알맞은 내용과 매체를 선정하여 글을 쓴다. [6국04-05] 국어의 문장 성분을 이해하고 호응 관계가 올바른 문장을 구성한다. [6국03-06] 독자를 존중하고 배려하며 글을 쓰는 태도를 지닌다.
	5단원	[6국02-05] 매체에 따른 다양한 읽기 방법을 이해하고 적절하게 적용하며 읽는다. [6국05-02] 작품 속 세계와 현실 세계를 비교하며 작품을 감상한다. [6국01-01] 구어 의사소통의 특성을 바탕으로 하여 듣기·말하기 활동을 한다.
	7단원	[6국02-02] 글의 구조를 고려하여 글 전체의 내용을 요약한다. [6국04-03] 낱말이 상황에 따라 다양하게 해석됨을 탐구한다.
실과	6단원	[6실05-01] 일과 직업의 의미와 중요성을 이해한다.

[5~6학년군 성취 기준 분석표 (2015 개정 교육과정 기준)]

5학년 2학기 국어 성취 기준을 자세히 살펴보면 어떤 사회적 기술을 배우는지 알 수 있다.

○ 공감하며 듣기
○ 목적이나 주제에 맞는 내용과 매체 선정하여 글쓰기
○ 배경지식을 활용하여 글 읽기
○ 매체에 따른 다양한 읽기 방법을 활용하기

○ 글 전체 내용 요약하기

이 내용들을 자세히 살펴보면 마치 교사가 수업을 준비하고 수업을 할 때 활용하는 기술들이라는 것을 알 수 있다. 학생의 발표에 공감하며 들어야 하고, 수업 내용에 맞게 수업 지도안을 작성해야 하고, 다양한 자료(PPT, 판서 등)에 맞도록 학생들이 참여할 수 있는 방법을 연구해야 한다는 것을 보면 교사가 수업을 준비할 때 하는 활동과 매우 흡사하다.

여기에 실과 진로 단원의 '일과 다양한 직업'을 엮어 보니 학생들이 주어진 시간 동안 다른 친구들을 대상으로 강의를 하면 국어 성취 기준의 많은 사회적 기술들을 종합적으로 활용할 수 있으면서 다양한 직업들을 경험할 수 있다고 생각해 프로젝트를 계획하게 되었다.

④ 활동 브레인스토밍 + ⑤ 핵심 활동 및 루틴 정하기

교사가 수업을 준비하는 순서	학생들이 강의를 하기 위해 준비해야 할 순서
1. 배움 문제 확인 2. 활동 계획 3. 자료 제작 4. 수업하기 5. 성찰하기	1. 강의 계획서 작성하기(주제 선정) 2. 강의 대본 작성하기 3. 강의 포스터 만들기 4. 강의 홍보하기 5. 수강 신청하기 6. 수강하기 7. 강의 후기 작성하기(강사, 수강생)

⑥ 한 장 정리

학기말이라 진도가 끝난 과목도 많고, 자투리 차시들이 있을 것이다. 그러한 자투리 차시들을 이용하거나, 연차시 수업을 단축하여 운영하고 남은 차시를 활용하면 된다. 교육과정 계획을 맞출 때에는 국어, 실과, 미술, 창체를 활용하여 12차시를 확보하였다.

차시	활동 계획	교과
1-2	강의 계획서 작성하기(주제 선정)	1. 국어 4차시 2. 실과 나와 직업 단원 4차시 3. 미술 2차시 4. 창체 2차시 (자율활동)
3-4	강의 대본 작성하기	
5-6	강의 포스터 만들기	
7	강의 홍보하기	
8	수강 신청하기	
9-11	수강하기	
12	강의 후기 작성하기(강사, 수강생)	

[호기심 천국 15분 강의 프로젝트 한 장 정리표]

⑦ 마중그림(이름, 표지) 만들기

⑧ 시각화 자료 만들기

이번 프로젝트의 시각화 자료는 학생들이 직접 만든 강의 포스터로 꾸며 보았다. 수강 신청 전까지 칠판에 게시해 두면서 학생들이 두고두고 활용할 수 있도록 하였다.

[블록 쌓기: 설계하기]

프로젝트 수업 계획하기 8단계	블록 쌓기 TIP
① 굳이 프로젝트 수업을 해야 하는 이유 찾기	국어 시간에 배운 다양한 사회적 기술들을 실생활에 적용해 볼 수 있는 활동이 필요하다고 생각하여 프로젝트를 기획하게 되었다.
② 방법 정하기 (교과 중심 VS 주제 중심)	- 주제 중심 프로젝트 국어의 여러 사회적 기술 + 실과 진로 단원
③ 중심 교과 정하기 + 성취 기준 분석하기	국어 교과의 여러 가지 사회적 기술들을 적용할 수 있는 15분 강의 프로젝트를 기획함.
④ 활동 브레인스토밍	교사가 수업을 준비하는 5단계 **→ 학생들이 강의를 하기 위해 준비해야 할 7단계** 1. 강의 계획서 작성하기(주제 선정) 2. 강의 대본 작성하기 3. 강의 포스터 만들기 4. 강의 홍보하기 5. 수강 신청하기 6. 수강하기 7. 강의 후기 작성하기(강사, 수강생)
⑤ 핵심 활동 및 루틴 정하기	
⑥ 한 장 정리	95쪽 호기심 천국 한 장 정리표 참고
⑦ 마중그림(이름, 표지) 만들기	
⑧ 시각화 자료 만들기	

(2) 실천하기

차시		활동 계획	교과
도입 활동	1-2	강의 계획서 작성하기(주제 선정)	1. 국어 4차시 2. 실과 나와 직업 단원 4차시 3. 미술 2차시 4. 창체 1차시(자율활동)
	3-4	강의 대본 작성하기	
	5-6	강의 포스터 만들기	
전개 활동	7	강의 홍보하기	
	8	수강 신청하기	
	9-10	수강하기	
정리 활동	11	강의 후기 작성하기(강사, 수강생)	

[호기심 천국 15분 강의 프로젝트 차시별 활동 계획]

① 도입 활동

가. 강의 계획서 작성하기(1~2차시) - 강의 2주전

○ 한 달 전 구두로 미리 안내
○ A5 크기의 계획서 양식에 재미있는 주제를 선정
　- 비교육적이고, 폭력적인 주제는 불가능(선생님 허락을 받아야 강의 가능)
○ 강의 시간 15분, 강의 대상은 학급 친구 3명
○ 강의 내용은 번호를 매겨 나열하기
○ 준비물은 스스로 준비할 것, 선생님이 도움이 필요한 것으로 구분하기

TIP! 1) 한 달 전 구두로 미리 안내하기

한 달 전 구두로 미리 안내하는 이유는 강의 주제를 미리 생각해 오게 하기 위함이다. 아이들에게 강의를 준비하라고 하면 아이들이 가장 많이 하는 질문은 "저는 할 게 없어요. 뭘 해야 하나요?"이다. 한 달 전 미리 안내하고 주제 선정을 어려워하는 학생과는 꾸준히 대화를 하면서 주제를 찾아 주면 된다.

"주말에 뭐 했어요?", "게임했어요.", "게임 소개하는 강의하면 되겠네요." 이렇게 학생과 대화를 통해 주제를 찾아 주면 학생들은 금방 감을 잡는다. 주말에 축구를 한 아이는 축구 기술로 강의를 하라고 하면 된다.

그리고 아이들에게 했던 말이다. "강의는 훌륭한 사람만 하는 것이 아니라 누구나 할 수 있습니다. 한 사람의 인생은 작은 도서관이기에 누구든 자신의 이야기를 풀어낼 수 있지요. 대학 교수는 초등학생을 쉽게 가르치기 어렵습니다. 친구들에게 가장 잘 설명할 수 있는 사람은 바로 여러분들입니다."

TIP! 2) 주제를 스스로 선정해 온 아이들의 주제에 대해 함께 나누기

강의 주제를 스스로 잘 선정하는 아이들이 있다. 이렇게 주제를 정해 온 아이들의 주제를 친구들에게 소개해 주면 다른 친구들도 금방 쉽게 주제를 찾을 수 있게 된다. 친구의 주제를 들은 아이들은 이렇게 생각한다. '아… 이 내용으로도 강의를 할 수 있구나.'

이렇게 강의 계획서를 쓰기 전 2주 동안 지속적으로 이야기를 나누는 활동을 통해 강의 계획서를 조금 더 쉽게 작성할 수 있게 된다.

나. 강의 대본 작성하기(3~4차시) - 2주전

대본 순서	1. 강사 소개	2. 강의 주제 및 내용 소개	3. 설명하는 글
	4. 실습 방법	5. 질문해 주세요	6. 마침 인사

강의 대본을 작성하는 이유는 제 시간에 강의를 끝내기 위함이다. 가장 훌륭한 강의는 '제 시간에 끝나는 강의'라는 말이 있듯 주어진 15분을 알차게 구성하기 위해 대본을 작성한다.

대본을 작성하는 방법은 국어 교과의 여러 기술을 활용한다. 설명하는 방법, 공감하는 말하기, 요약하기 등을 활용해 글을 쓰고 교사의 확인을 받는다.

대본을 완성하고 나면 암기하도록 한다. 교사가 수업을 할 때 지도안을 작성하고 시나리오를 작성하듯 학생들도 대본을 어느 정도 암기하고 있어야 강의 때 막힘없이 진행할 수 있다.

호기심 천국 강의 대본

일시		시간	15분	대상	3학년 반 학생 3명	강사	
강의 주제	(예시) 10분 만에 배우는 손쉬운 마술						

2. 3~4학년군 프로젝트 수업

다. 강의 포스터 만들기(5~6차시) - 10일 전(3일간 게시)

강의 계획서와 강의 대본을 작성하고 나면 자신의 강의에 대해 큰 흐름이 만들어진다. 이렇게 만들어진 강의를 홍보하는 포스터를 만든다. 포스터 크기는 8절 도화지 크기의 절반이다.

○ **눈에 잘 띄는 포스터** - 포스터를 3일간 게시하고, 이후에 수강 신청을 한다고 안내한다. 학생들은 자신들의 강의가 인기가 많았으면 하는 바람이 있기에 포스터를 최대한 '눈에 잘 띄도록' 만든다. 미술 성취 기준도 달성하고 포스터의 원래 목적을 달성하기 위해 스스로 고민하고 여러 자료를 준비하는 모습을 볼 수 있다.

○ **요약하기** - 또 작은 크기의 포스터에 어떤 내용을 넣을지 진지하게 고민한다. 내용이 많아지면 눈에 띄지 않고, 자신의 강의 내용을 적절하게 설명한 단어와 문장을 선별하여 실어야 하기에 자연스레 요약하는 과정이 진행된다.

○ **공감하며, 질문하며 듣기** - 포스터를 완성 후 게시하면 아이들은 쉬는 시간마다 포스터를 살펴본다. 자신이 들을 강의를 수강 신청하기 위함이다. 이때 자연스레 아이들은 자신의 강의를 친구들에게 홍보하게 된다. 국어 성취 기준에 나오는 설명하는 말하기와 공감하는 듣기, 질문하며 듣기가 자연스레 이루어지게 된다.

1부

2부

3부

② 전개 활동

가. 강의 홍보하기(7차시) - 일주일 전

완성된 강의 포스터를 친구들에게 보여 주며 소개한다.

○ 강의 내용을 조금 공개하는 것도 가능하다.

○ 강의 후 어떤 결과물을 얻는지 말한다.

○ 자신의 강의가 어떤 도움이 되는지 말한다.

○ 설득하는 말하기 - 자신의 강의를 소개하며 자연스레 '설득하는 말하기'를 활용하게 된다. 설명을 잘해야 많은 선택을 받기에 최선을 다해 설명하게 된다.

○ 경청하며, 비판적으로 듣기 - 듣는 학생들은 '경청하며 듣기', '비판적으로 듣기'를 실천한다. 어떤 내용의 강의인지 잘 들어야 좋은 선택을 할 수 있기에 학생들은 자연스레 경청하게 된다. 또 자신에게 필요한 강의 인지, 과대광고는 없는지를 판단하며 듣기에 비판적으로 듣기를 실천하게 된다.

나. 수강 신청하기(8차시) - **4일 전**(결과 발표는 다음날)

○ **강의 4일 전 수강 신청** - 강의 계획서를 바탕으로 교사는 각 차시별 7개의 강의를 배정한다. 차시별 7개 강의를 배정한 이유는 7 모둠(모둠별 4명)이기에 모둠이 있는 곳이 강의실이 되기 때문이다. 예를 들어, 1강의실은 1 모둠 자리가 된다.

○ **차시별 희망 강의 3개 선택** - 총 4차시로 운영되기에 학생들은 12개의 차시를 선택하게 되고, 수강을 할 때는 차시별 1개의 강의를 수강하게 된다. 차시별 강의를 3개씩이나 선택한 이유는 선택받지 못한 강의가 없도록 하기 위함이다. 이렇게 선택하면 웬만하면 선택받지 않은 강의는 없게 된다.

○ **강의 배정은 교사가 비공개로 배정** - 학생들의 희망과 교우 관계를 고려하여 배정한다. 최종 수강 신청 결과는 다음날 A3로 출력해 교실에 게시한다.

호기심 천국 수강 신청서 *(각 차시별 3개의 강의를 선택하세요)*

1차시 (09:20~09:35)

장소	1 강의실	2 강의실	3 강의실	4 강의실	5 강의실	6 강의실	7 강의실
강의명	키 크는 법 알려드립니다! (신○○)	5분 만에 내 심리를 알 수 있는 타로 (한○○)	15분 만에 배우는 안 쉬운 복싱 (오○○)	15분 만에 배우는 귀여운 캐릭터 그리기 (윤○○)	기타. 15분이면 한다. (공○○)	무.물.보! 적정기술 그 모든 것 (이○○)	나의 운명을 알 수 있는 손금 알기 (윤○○)
희망 (○)							

2차시 (09:40~09:55)

장소	1 강의실	2 강의실	3 강의실	4 강의실	5 강의실	6 강의실	7 강의실
강의명	의외로 모르고 있던 신기한 사실들 (이○○)	가상 현실의 모든 것 (이○○)	15분 만에 배우는 이승현의 태평양 전쟁사 (이○○)	인생, 어차피 한번인데 멋지게 실아야 되는 것 아닌가? (공○○)	서양 철학자 사르트르를 알아보기 (윤○○)	우리 모두 제주도로 떠나봐요 (이○○)	은근히 맞는 연애 심리 테스트 (조○○)
희망 (○)							

[호기심 천국 수강 신청서]

다. 수강하기(9~10차시)

○ 수강 신청 결과를 바탕으로 완성된 강의 일정표는 앞에서 언급된 대로 A3에 인쇄하여 교실에 게시하였다.

○ 강의 2분 전 강의실에 착석한다.
  ✓ 1 강의실 = 1 모둠 자리   ✓ 강사 = 각 모둠 1번 자리   ✓ 수강생 = 각 모둠 2, 3, 4번 자리

○ 강사 윤리와 수강생 윤리를 읽고 강의를 시작한다.

강사 윤리	수강생 윤리
- 15분 동안 최선을 다해 강의합니다. - 소외되는 수강생이 없도록 강의합니다. - 큰 목소리로 강의합니다.	- 충조평판하지 않고 최선을 다해 호응합니다. - 강사의 활동에 적극적으로 참여합니다. - 강사에게 감사함을 표현합니다.

이렇게 2시간 동안 강의가 이루어진다. 15분 강의와 5분 휴식을 번갈아 진행하면 2시간(80분)이 꽉 차게 된다. 학생들이 강의하는 동안 교사는 순회 지도를 하며 잘 참여하는지 확인하고 학생들의 강의에 중간중간 호응해 주면 된다.

1차시가 끝나고 나면 학생들이 대부분 감을 잡기에 교사가 딱히 지도할 만한 사항은 없다. 교사는 판을 깔아 주고 학생들이 신나게 활동하는 것을 볼 수 있다.

호기심 천국 강의 일정표

1차시 (09:20~09:35)

장소	1 강의실	2 강의실	3 강의실	4 강의실	5 강의실	6 강의실	7 강의실
강의명	키 크는 법 알려드립니다! (신00)	5분 만에 내 심리를 알 수 있는 타로 (한00)	15분 만에 배우는 안 쉬운 복싱 (오00)	15분에 배우는 귀여운 캐릭터 그리기 (윤00)	기타. 15분이면 한다. (공00)	무.물.보! 적정기술 그 모든 것 (이00)	나의 운명을 알 수 있는 손금 알기 (윤00)
참가자	한00, 이00, 이00	공00, 이00, 김00	최00, 이00	조00, 김00, 이00	이00, 신00	김00, 이00, 정00	윤00, 곽00, 이00

2차시 (09:40~09:55)

장소	1 강의실	2 강의실	3 강의실	4 강의실	5 강의실	6 강의실	7 강의실
강의명	의외로 모르고 있던 신기한 사실들 (이00)	가상 현실의 모든 것 (이00)	15분에 배우는 이승헌의 태평양 전쟁사 (이00)	인생, 어차피 한번인데 멋지게 살아야 되는 것 아닌가? (공00)	서양 철학자 사르트르를 알아보기 (윤00)	우리 모두 제주도로 떠나봐요 (이00)	은근히 맞는 연애 심리 테스트 (조00)
참가자	오00, 윤00, 공00	곽00, 이00	신00, 이00, 한00	최00, 이00	김00, 김00, 김00	신00, 한00, 정00	윤00, 이00

[호기심 천국 강의 일정표]

③ 정리 활동 - 강의 후기 작성하기(11차시)

○ 강사로서의 후기 – 좋았던 점, 아쉬웠던 점
○ 수강생으로서의 후기 – 좋았던 점, 새롭게 알게 된 점, 나에게 도움이 된 점
○ 전체 활동 소감

<학생 소감>
내가 자신 있는 분야를 강의하니 좋았다. 모르는 사실을 알게 되어 더 좋았다.
이게 선생님의 심정이구나를 느꼈다.
이런 주제를 싫어할까 걱정했는데 친구들이 잘 따라 줘서 고맙다.
시간이 남아 예상치 못한 활동을 추가했다.
내 강의를 들어 준 친구들뿐만 아니라 나까지 도움이 된 유익한 시간이었다.

15분 강의를 계획하고, 포스터를 그리고 강의를 진행 했습니다. 내가 원하는 주제에 대해 이야기를 했고, 여러 사람 앞에서 말을 하는 경험을 했습니다. 그리고 다른 사람의 강의를 들으며 새로운 것들을 익히게 되었습니다. 강의를 준비하고, 강의를 진행하는데 얼마나 열심히 참여하고 도움이 되었나요? 도움이 되고 성장한 부분을 자세하게 적으세요.

열심히 한 정도	전혀 1	별로 2	보통 3	꽤 4	매우 ⑤	도움이 된 정도	전혀 1	별로 2	보통 3	꽤 4	매우 ⑤

강의 준비를 하며 '친구들이 많이 와줄까?', '내 강의가 도움이 될까?'
걱정되기도 하고 긴장해서 잘 할 수 있을지 떨렸는데 오늘 강의를 하며
내 강의를 들어준 친구들 뿐만 아니라 나까지 도움이 된
유익한 시간이었다. 또, 다른 친구들의 강의를 들으며 유용한
정보를 알았고, 실생활에 많은 도움이 되었다.
마지막 효가심천국이라 그런지 이 15분 강의가 매우 값진
시간이었다.

15분 강의를 계획하고, 포스터를 그리고 강의를 진행 했습니다. 내가 원하는 주제에 대해 이야기를 했고, 여러 사람 앞에서 말을 하는 경험을 했습니다. 그리고 다른 사람의 강의를 들으며 새로운 것들을 익히게 되었습니다. 강의를 준비하고, 강의를 진행하는데 얼마나 열심히 참여하고 도움이 되었나요? 도움이 되고 성장한 부분을 자세하게 적으세요.

열심히 한 정도	전혀 1	별로 2	보통 3	꽤 ④	매우 5	도움이 된 정도	전혀 1	별로 2	보통 3	꽤 ④	매우 5

내가 자신있는 분야에서 강의를 하니 좋았다. 그리고 강의 하게
전에 20분이 길다고 느껴져서 '시간 남으면 어떡하지?' 이런 생각
이 들었는데 막상 해보니까 20분이 너무 짧았다. 그리고 발표
대에 붙일 피켓이 생각보다 적어서 당황했고 또 생각보다
팀원들이 잘 안 모여서 당황했다. 그리고 강의를 들으면서
내가 모르는 사실을 알게되니까 지식이 더 쌓아져서 좋
았다. 효가심 천국 15분 강의는 또 죽고도 못사는 값진 시간이었다

[학생 강의 후기]

[블록 돌아보기: 성찰과 성장]

학기말에 했던 15분 강의 프로젝트는 담임으로서도 정말 인상적이었다.

1. 학생들 모두 진심을 다해 참여했다.
- 학생들은 각자의 자존심이 걸렸다고 생각했는지 주어진 미션을 수행하기 위해 적극적으로 참여하였다. 특히 강의를 준비할 때 집에서 스스로 자료를 조사하고 친구들에게 나누어 줄 준비물들을 준비해 오는 모습이 기억에 남는다.

2. 국어 교과의 사회적 기술들을 적극적으로 활용할 수 있었다.

- 설득하고 설명해야 하기에 국어 시간에 배운 기술들을 생활 속에서 응용하여 활용할 수 있었다.

3. 학기말, 자기 자신과 서로에 대해 자세히 알아가는 시간이 되었다.

- 15분 강의 활동을 통해 자신이 생각보다 좋아하고 잘하는 것을 발견할 수 있었다. 그리고 친구가 이런 것을 좋아하는지 새롭게 알게 되었다는 후기들이 많이 있었다.

4. 교사도 학생들에 대해 더 자세히 알게 되었다.

- 국어 시간 속 가상으로 설정된 상황에서 아이들의 내면을 온전히 파악하는 것은 대단히 어렵다. 이렇게 자연스레 상호 작용하는 활동을 통해 학생들 내면의 모습을 더 자세히 관찰할 수 있었고, 이 덕분에 행동 발달 및 종합 의견에 적을 내용이 더욱 풍성해졌다.

5. 15분이 생각보다 금방 지나갔다는 의견이 많았다.

- 교사는 판을 깔아 주고, 학생들은 그 위에서 열심히 몰두했다. 처음에는 15분이 굉장히 길게 느껴졌지만, 막상 강의에 몰두하다 보면 오히려 시간이 부족한 경우도 많았다. 수강생 입장에서도 더 체험하고 싶은데 시간이 부족하여 아쉽다는 의견이 많이 있을 만큼 아이들이 활동에 굉장히 몰입했다는 것을 알 수 있다.

[블록 연결하기: 에듀테크 활용법]

디지털로 간편하게 포스터를 만드는 캔바(Canva)

캔바는 미리캔버스와 마찬가지로 포스터나 학습지를 만들 수 있는 온라인 사이트이다. 학교에서 구글 아이디를 만들어 놓는다면 캔바에서 교사로 가입 후 학생 계정을 추가하여 사용할 수 있기 때문에 매우 편리하다. 사용 방법은 다음과 같다.

1) 캔바에서 교사로 회원 가입을 한다. (교사 인증 절차에 따라 인증받기)

2) 교사 인증을 받은 후 학생 계정을 추가한다. (학교에서 만들어 놓은 아이디 적용하기)

3) 학생 개별은 계정으로 로그인한 뒤 기본 기능을 익히는 연습을 한다.

4) 자신의 강의 계획서에 맞는 포스터를 만든다.

중간중간 교사가 학생이 만든 포스터에 대해 피드백해 주거나 어려움이 있다면 직접 수정해 줄 수 있다는 장점이 있다.

4) 꼬마 작가 프로젝트

"1년간 모은 아이들의 글감, 휴지통이 아닌 책으로!"

(1) 계획하기

① 굳이 프로젝트 수업을 해야 하는 이유 찾기

꼬마 작가 프로젝트는 밀알샘의 연수를 듣고 시작하게 된 프로젝트다. 학생들의 시를 1년 동안 모아서 책으로 출판한다는 사실이 놀라웠다. 무엇보다 학생들과 나의 1년의 삶을 글로 기록하고 추억할 수 있다는 것이 내가 이 프로젝트를 시작하게 된 계기다. 아이들에게 "우리 글 쓰자"라고 하면 부담을 갖는다. 하지만 시를 쓰자고 하면 곧잘 써 내려간다. 분량이 주는 자유로움도 한몫하는 것 같다. 학기 초에 항상 꼬마 작가 프로젝트의 취지를 설명하기 때문에 자신의 시집을 기대하며 열심히 쓴다. 책을 모아 놓고 보면 그때 아이들이 느꼈던 감정, 아이들만의 이야기가 시에 묻어나 더 좋은 것 같다.

② 방법 정하기 (교과 중심 프로젝트 수업)

이 프로젝트는 학생들이 1년간 시를 쓰는 특정 주제가 있는 주제 중심 프로젝트다. 하지만 주로 시를 쓰거나 글을 쓰는 활동이 들어가기 때문에 학년에 맞는 성취 기준을 분석하여 활용할 수도 있다. 무엇보다 중요한 것은 학기 초에 시작하는 것이 중요하다는 것이다. 학기말에 학생들의 글을 문집으로 만들려고 하면 시간이 부족하기 때문에 마음의 여유가 없다. 그러다 보면 문집을 만드는 것 자체가 큰 스트레스로 다가올 수 있다. 그렇기 때문에 3월에 미리 계획을 세워 실행하는 것이 좋다. 수업을 하고 나서 남는 자투리 시간을 활용할 수 있다. 이 밖에도 창체의 자율이나 동아리 시간을 활용할 수도 있다. 국어의 성취 기준을 활용해 매 단원의 마지막 시간에 시 쓰기를 넣을 수도 있다.

③ 중심 교과 정하기 + 성취 기준 분석하기

문집 프로젝트는 사실 특정한 교과나 특정 시간 전체를 활용하지 않는다. 학생들이 틈틈이 쓴 글을 모으고 편집하는 과정 전체가 프로젝트이다. 학기 초 문집에 실을 글 목록을 미리 만들어 두면 놓치지 않고 학생들의 살아 있는 글을 잘 모을 수 있다.

성취 기준	가르칠 내용	가르칠 방법	수업 방법
4국03-04	**목적과 주제를 고려**하여 독자에게 마음을 전하는	**글을 쓴다.**	
4국03-05	**자신의 쓰기 과정을 점검**하며 쓰기에 자신감을	**갖는다.**	글쓰기
4국04-05	언어가 **의사소통과 관계 형성**의 수단임을	**이해**하고	
	국어를 소중히 여기는 태도를	**지닌다.**	

[3~4학년군 성취 기준 분석표 (2015 개정 교육과정 기준)]

성취 기준	가르칠 내용	가르칠 방법	수업 방법
6국04-05	**국어의 문장 성분**을	**이해**하고	
	호응 관계가 올바른 문장을	**구성**한다.	글쓰기
6국03-04	**적절한 근거와 알맞은 표현을 사용**하여 주장하는	**글을 쓴다.**	
6국03-01	**쓰기는 절차에 따라 의미를 구성하고 표현하는 과정**임을 이해하고	**글을 쓴다.**	

[5~6학년군 성취 기준 분석표 (2022 개정 교육과정 기준)]

④ 활동 브레인스토밍

시 쓰기를 할 때 중요한 것은 '경험'이다. 아이들은 아무것도 경험하지 않고 글을 쓸 수 없다. 머릿속에 생생한 체험이 있으면 글쓰기 어려워하는 학생들도 한 문장은 시작할 수 있다. 그렇기 때문에 이 활동을 할 때 매달 1번씩은 의미 있는 경험을 하려고 했다. 수업 중에 진행하는 활동에 대한 경험도 괜찮다. 꼬마 작가 프로젝트에서는 내가 느낀 경험을 한 편의 짧은 시로 표현하는 것이 중요하다. 그렇기 때문에 매달 1번 이상은 꾸준히 '나만의 시 쓰기'가 중요한 활동이다. 그리고 10~11월 중에 그것을 하나의 시집으로 묶는 과정이 필요하다.

⑤ 핵심 활동 및 루틴 정하기

꼬마 작가 프로젝트		주제 중심
도입	주된 활동 루틴	마무리
<동> 전년도 문집 보여 주기 처음 시작하는 경우, 학생들이 직접 쓴 책 보여 주기 **<1>** 문집 계획 세우기 **<2>** 글 쓰는 방법 알려 주기 **<3>** 글 쓰는 방법 알려 주기 **<정>** 잘 쓴 글 읽어 주기	1. 행사나 체험 참여하기(경험) 2. 글쓰기(연필로 쓰고 네임펜으로 따라 쓰기) 3. 피드백하기 4. 글 모으기 * 학교 문집 예산 확인 후 확보하기	**<결과물>** 문집(도서) **< 활 동 >** 1. 문집 제목, 표지 공모전하기 2. 글 타이핑 또는 스캔하기 3. 문집 최종 편집하기 4. 방학 한 달 전 인쇄소, 자가 출판사에 맡기기 5. 나눠 주고 같이 읽기

⑥ 한 장 정리

월	해야 할 것	비고
3월	1. 단체 사진 찍기 2. 꼬마 작가 프로젝트 취지 나누고 동의서 작성하기 3. 3월의 첫 글쓰기	☐ 꼬마 작가 프로젝트 동의서
4월	1. 시와 친해지기 (이전 선배들의 시집 읽어 보기) 2. 4월 비유적 표현을 활용해 시 쓰기	☐ 문집(2018-2023) ☐ A4용지
5월	1. 모방 시 쓰는 연습하기 2. 5월 내가 좋아하는 주제, 대상으로 시 쓰기	☐ A4용지
6월	1. 다양한 관용어, 의성어, 의태어 살펴보기 2. 6월 시 쓰기 3. 이미지 프리즘 카드를 활용한 시 쓰기	☐ A4용지
7월	1. 온책읽기 도서와 연계한 단체 시 쓰기 연습 2. 7월 모둠으로 함께 협동하여 시 쓰기	☐ A4용지
8월	1. '여름' 하면 떠오르는 소재를 활용해 시 쓰기 연습 2. 8월 계절을 주제로 시 쓰기	☐ A4용지
9월	1. 9월 다가오는 졸업을 주제로 시 쓰기 2. 키워드를 뽑아 시 쓰기	☐ A4용지
10월	1. 자신이 쓴 글 확인하고 최종 글 선택하고 다듬기 2. 책 제목 공모전 및 선정 3. 책 표지 공모전 및 선정	☐ A4용지

11월	1. 학생 글 스캔 2. 책 내지 및 표지 편집하기 3. 제본을 맡기거나 부크크를 활용하여 자가 출판하기	
12월	1. 책 나눠 갖기 2. 책에 대한 감상 나누기	

[꼬마 작가 프로젝트 한 장 정리표]

⑦ **마중그림**(이름, 표지) **만들기**

⑧ **시각화 자료 만들기**

아래 보이는 사진은 부크크에서 내가 학생들과 함께 출판한 책이다. 책 가격은 책의 쪽수와 컬러 인쇄인지, 흑백 인쇄인지 등에 따라 달라진다. 표지의 글자와 표지 그림을 넣을 때는 항상 아이들과 공모전을 연다. 제목에 대한 공모전부터 시작한다. 학기 초부터 우리 반 친구들이 쓴 시를 모두 모아 각자 쓴 시를 다시 한번 살펴보면서 책의 제목을 정한다. 학생들이 자유롭게 발언할 수 있도록 하고 가장 마음에 들어 하는 제목을 뽑아 책 제목으로 선정한다. 이때 제목에서는 탈락했지만 의미 있는 제목은 부제로 넣는다. 그리고 그 제목과 부제를 쓴 공모전을 다시 연다. 제목을 한글에서 저작권에 반하지 않는 글자로 넣어도 되나 아이들이 직접 쓰고 색칠한 제목은 더 힘이 있다. 탈락되는 제목이 있다고 해도 걱정할 필요 없다. 내지에 넣어 주면 된다. 마지막으로 표지 공모전을 연다. 표지 공모전은 꽤 치열하다. 그래서 앞표지, 뒤표지에 들어가는 그림을 따로 뽑아 넣는다. 마찬가지로 표지의 제목이 되지 못했더라도 속지에 그림으로 넣어 주기도 한다. 아이들의 글과 그림은 뽑히지 않더라도 다양하게 활용할 수 있으니 이 방법을 한 번은 시도해 보았으면 좋겠다.

자가 출판 플랫폼 부크크(https://bookk.co.kr/)를 통해 출판

인쇄소를 통해 출판

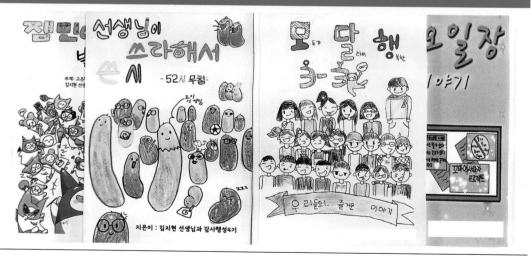

[블록 쌓기: 설계하기]

프로젝트 수업 계획하기 8단계	블록 쌓기 TIP
① 굳이 프로젝트 수업을 해야 하는 이유 찾기	국어 시간뿐 아니라 다양한 수업 시간에서 글쓰기를 많이 활용한다. 하지만 이런 글들이 학기말에는 쓰레기통에 버려지는 것이 안타까웠다. 학생들의 글을 모아 의미 있는 글 모음집을 제작하고 싶어 이 프로젝트를 기획하게 되었다.
② 방법 정하기 (교과 중심 VS 주제 중심)	- 주제 중심 프로젝트 국어의 여러 사회적 기술 + 활동 후 남긴 글쓰기 작품 및 시 쓰기 자료 등 활용
③ 중심 교과 정하기 + 성취 기준 분석하기	국어 교과 및 타 교과에서 활용했던 글쓰기 자료 등 학생들이 쓰고 그린 글쓰기 자료를 모아 나가는 과정임.
④ 활동 브레인스토밍	- 3월부터 시작하여 11월까지 학생들이 작성한 글을 잘 모아 두는 것이 필요함.
⑤ 핵심 활동 및 루틴 정하기	1. 월별로 어떤 글을 써 나갈지 정하기 2. 1학기말 2학기 중반에 학생들 글 점검하기 3. 학기말에 글 모음집 제목과 표지 공모전 진행하기 4. 글 모음집에 넣을 사진이 있거나 필요하다면 미리 폴더를 만들어 저장하기 5. 학생들의 글을 스캔하고 순서를 편집하여 하나의 글 모음집으로 만들기 6. 나온 문집을 함께 보며 소감 나누기
⑥ 한 장 정리	108쪽 꼬마작가 프로젝트 한 장 정리표 참고
⑦ 마중그림 (이름, 표지) 만들기	
⑧ 시각화 자료 만들기	

(2) 실천하기

① 도입 활동 - 3월 첫날 꼬마작가 프로젝트 소개하기

꼬마작가 프로젝트를 전개하는 데 있어서 중요한 것 중 하나는 '확언하기'다. 교사가 학생들 앞에서 꼬마작가 프로젝트를 소개하면서 확언을 할 때 프로젝트를 완수하겠다는 의지가 강해지기 때문이다. 그래서 학생들과 3월 첫날, 교사 소개 시간에 다음과 같이 이야기한다. "우리는 12월이 되면 우리가 함께 쓴 책을 1권씩 갖게 됩니다." 프로젝트가 진행될수록 학생들과 만들어 낸 글이 쌓이기 때문에 함께 쓴 글을 책처럼 엮어 교실 내부에 비치하면 좋은 학습 자료가 된다. 학생들이 글 모음집을 읽으며 나의 글이 들어간 책에 대해 생각할 수 있게 하는 것도 좋은 동기유발 방법이 된다.

학생 도서 전시	도입 활동
	○ 문집 계획 세우기 - 3월부터 11월까지 학생들의 글을 한 달에 1개 이상 쓰고 모은다. 11월이 되면 문집 표지, 제목 등을 공모해서 정한다. ○ 글쓰는 방법 알려 주기 - 국어 시간을 활용하여 글쓰기 방법을 꾸준히 익힌다. 시쓰기 활동이나 생활 글쓰기 활동을 통해 꾸준히 연습한다. ○ 첫 번째 글 읽어 주기 (잘 쓴 글 읽어 주기) - 학생들의 글 중에서 잘된 글을 읽어 주면서 친구들의 글쓰기 내용에서 잘된 부분을 배울 수 있도록 지도한다.

② 전개 활동 - 3월부터 11월까지 꾸준히 쓰고 모으기

이 프로젝트에서는 '우리는 함께 책을 쓰는 작가다'라는 정체성을 만드는 것이 중요하다. 그래서 3월부터 교사는 학생들 앞에서 확언을 하고 그 말에 따라 한 달에 한 번 이상 시 쓰기, 또는 일기 쓰기 활동을 꾸준히 지도하고 피드백해야 한다. 여기서 중요한 것은 '꾸준히'이다. 시 쓰기나 일기 쓰기가 어렵다면 계기 교육 및 학급 교육 활동과 관련하여 재밌는 활동을 진행하고 학생들의 소감을 받아서 보관해 두는 것도 의미가 있다. 처음부터 글쓰기 지도가 어렵다면 이미지 프리즘 카드, 키워드(단어) 쓰기 등을 활용하여 글쓰기를 지도할 수도 있다.

시 쓰고 모으기 (학생별로 정리하기)	키워드 시 쓰기 (키워드 뽑아 관련 시 쓰기)
	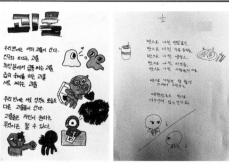

③ 정리 활동 – 문집 표지 및 제목 정하고 꾸미기

매달 주제를 정해 글을 쓴다. 시를 쓸 수도 있고, 생활 글을 쓸 수도 있다. 평소에 쓴 글을 상자에 넣어 보관하고 연말이 되면 학생들의 글을 모두 꺼내 선별하고 고쳐 쓰는 작업이 필요하다. 학생들은 자신이 쓴 글 중 문집에 넣고 싶은 글을 선택한다. 수정하고 싶은 부분이 있으면 새 종이에 수정해서 쓰거나 그림이 없으면 추가하는 작업을 진행한다. 네임펜을 사용해서 글을 다시 쓸 경우 스캔본에 선명하게 들어가 알아보기 쉽다.

이후 문집의 제목과 표지를 정한다. 문집 표지 공모전을 통해 학생들과 함께 제목과 표지를 선정하기 때문에 결과보다 과정이 더 즐겁고 뜻깊다. 아이들이 직접 제목을 정한 뒤에는 직접 손으로 제목을 쓰고 표지를 꾸민다. 작품이 당선되지 않더라도 속지에 활용할 수 있기 때문에 모두의 작품이 다 의미 있다. 이런 과정 속에서 탄생한 문집은 아이들에게 큰 사랑을 받는다.

잘 쓴 글 뽑아서 고쳐 쓰기	문집 표지 및 이름 공모전

[블록 돌아보기: 성찰과 성장]

인쇄소 제본 vs 부크크(자가 출판 플랫폼)

인쇄소 제본은 자가 출판보다 비용이 더 저렴하다는 장점이 있다. 또 개인 작업물이기 때문에 학급의 동의를 미리 구해 학생들의 개인 사진, 단체 사진 등 사진을 많이 넣을 수 있다. 하지만 한번 잃어 버리면 다시 구매할 수 없고, ISBN을 취득한 책이 아니기 때문에 고유의 도서 번호가 지정되는 것은 아니다.

반면 부크크 자가 출판의 경우 ISBN이 달린 '나만의 책'을 가질 수 있다는 장점이 있다. 또 온라인 서점에서도 책을 구매할 수 있기 때문에 잃어 버렸다 하더라도 언제든지 다시 구매할 수 있다. 다만, 표지를 일정한 규격에 맞추어야 한다는 어려움과 다른 사람도 구매할 수 있는 만큼 학생 개인 사진을 많이 넣을 수 없다는 아쉬움이 있다.

1년간의 장기 프로젝트

1년간 장기로 이루어지는 프로젝트이다 보니 중간에 지칠 수 있다. 더군다나 문집을 편집해야 하는 시기가 11~12월이다. 따라서 체력 안배를 잘해야 하고, 미리 학생들의 작품을 모아 잘된 부분 부족한 부분을 파악해 선별하는 작업을 해야 한다. 글이 어느 정도 모아지면 최종적으로는 문집 제목 및 표지 공모전을 진행하여 최종 마감을 해야 한다. 모든 것이 끝난 후에야 교사는 문집에 대한 최종 편집을 할 수 있다.

[블록 연결하기: 에듀테크 활용법]

친구들의 댓글도 글 모음집에 넣을 수 있는 패들렛 활용하기

패들렛은 코로나19 시기에 학교에서 가장 많이 활용한 사이트다. 선생님들은 패들렛을 활용해 온라인 과제물을 확인하거나 실시간 과제를 제시하고 게시물을 작성하게 하는 등 패들렛을 다양하게 활용했다. 이렇듯 패들렛을 여러 가지 수업 상황에 사용할 수 있는 이유는 작성 게시물의 형식이 다양하기 때문이다. 게시물 형식은 크게 담벼락, 스트림, 그리드, 셀프, 지도, 캔버스, 타임라인이 있다. 그중에서도 글 모음집을 작성하기 쉬운 형식은 담벼락이다.

담벼락은 학생들이 자신의 게시글을 올릴 수 있고 사진도 첨부할 수 있다. 자신이 쓴 글 이외에 다른 글을 읽으면서 댓글을 달거나 반응을 표시할 수도 있다. 이렇게 모아진 담벼락 글은 PDF로 저장할 수 있다. 그 저장본을 모아서 쉽게 글 모음집으로 만들 수 있다.

패들렛 담벼락을 작성하는 방법은 다음과 같다.

1. 패들렛은 무료 요금제를 사용할 경우 3개까지 생성할 수 있다.

2. 패들렛의 게시물 형식은 담벼락으로 선택한다.

3. 만들어진 탭에서 설정에 들어가 제목과 내용을 추가한다. 제목에는 교과와 단원명을 쓰거나 글쓰기 주제를 작성한다. 내용에는 제목에 대한 설명을 간단히 쓴다.

4. 이밖에 레이아웃, 패들렛 디자인 등도 설정에서 바꿀 수 있다.

5. 학생들은 교사가 만들어 둔 패들렛에 들어와 +버튼을 클릭해서 게시글을 작성한다. 사진을 넣고 싶으면 사진을 추가할 수 있고 링크를 추가하거나 업로드해서 가지고 있는 파일을 추가할 수도 있다.

6. 친구들이 글을 다 쓴 뒤에는 서로 글을 읽으며 피드백 해 주거나 글에 대한 반응을 댓글로 작성하여 완성한다.

7. 작성이 완료된 뒤에는 화살표를 클릭해 공유에 들어간다. 링크에서 PDF로 내보내기를 선택한다.

제주도

날씨가 맑은 어느날, 햇살이 눈부신 어느날, 그 날은 바로 나의 생일날이었다. 나의 생일을 맞아 가족들과 함께 제주도에 갔다.
제주도에 왔는데 외할아버지께서 계셨다. 엄마께서 내 생일이라고 케이크를 사오셨다. 나는 너무 기뻤다.
가족들과 케이크를 맛있게 먹고 잠을 푹잤다. 눈을 뜨니 아침이었고, 나는 아침에 낚시를 하러 갔다. 얼음 낚시였다. 처음 해본 것이라 낚시 방법이 신기하기도 하고, 너무 재미있었다.

바

조금 쌀쌀한 아침에 스타필드에 갔다.
버스를 타고 계속걸어 가다보니 벌써 스타필드였다.
할로윈이어서 입구에 다양한 물건들이 전시되어 있었다.
사진도 찍고 스타필드 안으로 들어갔다. 계속 돌아다니다 보니까 아트박스가 보였다. 참새가 방앗간을 그냥 못 지나치듯, 홀린 듯 아트박스로 들어갔다.
가볍게 구경하려는 마음으로 들어갔었는데 칼림바라는 악기를 발견했다. 칠수있게 샘플이 있었는데 쳐보니까 소리가 너무 좋았다. 나무로 만든 것과 유리로 만든 것 2종류가 있었다. 나는 칼림바가 맘에 들어 계속 칼림바만 바라보고

서관

"야, 급식당번, 급식차 빨리 치우라고~" 오늘도 우리반의 점심시간은 시끌벅적 소란스럽다. 소란스러운 점심시간을 끝내는 건 방송실에서 울리는 종소리였다. 5교시를 알리는 종이 울리자 우리반 아이들이 하나둘 자리에 앉기 시작했다. 자리에 앉아서 똘망똘망한 눈으로 나를 쳐다보는 아이들. 그 때 교실 안으로 따뜻한 햇살이 들어왔고, 창밖의 하늘이 유독 푸르러 보였다. 그 모습을 본 나는 수업은 그만두고 나가서 놀고 싶다는 마음이 생겼다. 하지만 진도는 나가야 하고 수업을 하지 않을 수는 없었다. 그 때 내게 떠오른 생각은 도서관에서 책을 읽는 것이었다.

제주도의 마지막날 바람이 많이 불고 화창한 날씨이다. 우리는 윈드 1947이라는 곳으로 가서 카트를 탔다. 먼저 카페에 가서 표를 구매할라는데 동생이 자신의 돈으로 인형뽑기를 했다 하지만 동생은 못뽑았다.
우리는 표를 얻고서 타러갔다. 난 아직은 혼자 못탈것 같아서 아빠랑 탔는데 설명을 하고서 갔다. 처음에는 괜찮았지만 점점 갈수록 아빠가 감을 잡아 왔다면서 점점 속도를 내었다 그때부터 아...엄마랑 탈걸이라는 생각이 들었다.
아빠를 보니 속도를 58km까지 속도를 내어서 무서웠다.난 엄마랑 운전할때는 속도를 많이 내어서 빨리 달릴줄 알고 일부로 아빠랑 탔

햇빛이 쨍쨍하고 하늘이 맑아 학교 가기 좋은 날이었다.
그래서 기분 좋은 마음으로 학교를 갔다. 그런데 우리 형의 학교에서 코로나 확진자가 나왔다는걸 알았다. 그때 '나 때문에 친구들이 코로나에 걸리면 어떡하지?'라는 생각이 들었다. 그리고 집에 가야만 했다.
집에간 뒤 형이 코로나 음성판정이 나와서 나는 다시 학교에 갈 수 있다는 기쁜 마음으로 학교에 갔다. 학교에 간 뒤 혹시 코로나 확진자가 생길 수도 있어 검사를 해야 한다고 했다. ㅠㅠ 보건소에서 와서 우리반 친구들 모두가 코로나 검사를 받았다. 코로나미워ㅠㅠ 나는 그래서 코로나 검사를 받고 친

5~6학년군 프로젝트 수업

1) 호랑이 배꼽파 프로젝트

"선생님, 사회가 너무 어려워요. 우리 지역으로 지리 정보를 쉽게 배우는 방법은?"

(1) 계획하기

① 굳이 프로젝트 수업을 해야 하는 이유 찾기

5학년 1단원은 우리 국토의 지리적 정보에 대해 배우며 우리 국토의 위치, 영역, 행정구역, 기후, 환경, 산업 발달, 인구 구성과 분포 등에 대한 내용으로 구성되어 있다. 2달간 겨울방학을 보내고, 4학년에서 막 올라온 아이들은 이 내용을 과연 유의미하게 받아들일까? 3학년 때부터 지역화 교과서를 통해 고장 - 시도 - 국토로 확장되는 개념을 배우게 되는데, 아이들은 '국토의 지리적 정보'가 현재 나의 삶과 어떤 관계가 있는지 발견하기 어렵다. 왜냐하면 아이들의 생활권은 현재 내가 살고 있는 고장에 한정적인 경우가 대다수이기 때문이다. 게다가 그 내용 자체도 어려우니 교과서대로 가르치면 교사는 교사대로 가르치기 어렵고, 학생은 학생대로 이해하기 어렵다. 교실에 있는 두 교육 주체가 모두 어려워하니, 내용을 재구성하여 수업하는 것이 훨씬 더 효율적이라고 생각해 프로젝트 수업으로 진행하게 되었다.

그러므로 1단원 전체에서 배운 '국토의 지리적 정보'가 내가 살고 있는 고장에서는 어떻게 적용되는지 알아보는 활동을 통해 배움이 삶의 영역으로 확장되는 경험을 할 수 있는 방향으로 수업을 진행하고자 한다.

② **방법 정하기** (교과 중심 프로젝트 수업)

프로젝트를 해야 할 이유를 찾았으면 이제는 프로젝트 방법을 정하는 단계이다. 5학년 1학기 사회 1단원 전체를 프로젝트 수업으로 진행할 계획이기에 중심 교과를 사회로 두고, 뒷받침 교과를 활용하는 교과 중심 프로젝트를 계획하고자 하였다. 지금 단계에서는 교과 중심으로 할지, 주제 중심으로 할지 방향만 설정하면 된다. 교과 중심으로 프로젝트 수업을 진행하게 되었다면 중심 교과를 먼저 선정한다. 그리고 뒷받침 교과는 4~6단계의 활동을 떠올리고 정리하는 단계를 통해 뒷받침 교과를 정하면 된다.

교과 중심 프로젝트	지리 프로젝트	
	중심 교과	● 사회 5-1-1. 국토와 우리 생활
	뒷받침 교과	● 미술, 창체

③ **중심 교과 정하기 + 성취 기준 분석하기**

성취 기준	가르칠 내용	가르칠 방법	수업 방법
6사01-01	우리나라의 위치와 영역이 지니는 특성을	**설명**하고	강의
	이를 바탕으로 하여 **국토 사랑의 태도**를	**기른다.**	
6사01-02	우리 국토를 구분하는 기준들을	**살펴보고**	강의
	시·도단위 행정구역 및 주요 도시들의 위치 특성을	**파악**한다.	
6사01-03	우리나라의 기후 환경 및 지형 환경에서 나타나는 특성을	**탐구**한다.	탐구 학습
6사01-04	우리나라 자연재해의 종류 및 대책을	**탐색**하고	탐구 학습
	그와 관련된 생활 안전 수칙을 실천하는 태도를	**지닌다.**	실습
6사01-05	우리나라의 인구 분포 및 구조에서 나타난 변화와 도시 발달 과정에서 나타난 특징을	**탐구**한다.	탐구 학습
6사01-06	우리나라의 산업 구조의 변화와 교통 발달 과정에서 나타난 특징을	**탐구**한다.	탐구 학습

↓

내용	방법	활동
1. 우리나라의 위치와 영역이 지니는 특성 2. 국토 사랑의 태도 3. 우리 국토 구분 기준 4. 시·도단위 행정구역 및 주요 도시의 위치	강의식	- 설명 자료 - 공책 정리 방법
1. 우리나라 기후 환경 및 지형 환경에서 나타나는 특성 2. 우리나라 인구 분포 및 구조에서 나타난 변화 3. 도시 발달 과정에서 나타난 특징 4. 우리나라의 산업 구조의 변화 과정에서 나타난 특징 5. 교통 발달 과정에서 나타난 특징	탐구	- 탐구 수업 예시 자료 찾기
1. 우리나라 자연재해의 종류 및 대책 2. 생활 안전 수칙 실천 수칙 실천 태도	실습	- 창체와 연계 가능한지 확인하기

[5~6학년군 성취 기준 분석표 (2015 개정 교육과정 기준)]

④ 활동 브레인스토밍

[방법 1] 중심 교과의 차시 내용별 폴더 만들기 (지리 프로젝트)

1. 교과서 차시 내용별로 폴더를 하나씩 만든다.

2. 인터넷의 여러 자료를 훑어보며 프로젝트의 방향과 맞는 자료를 하나씩 다운로드하여 저장한다.

3. 다운로드한 교육 자료를 하나씩 정독하며 어떤 방향으로 활동을 하면 좋을지 생각하고, 자료를 프로젝트 방향과 수업자의 성향에 맞게 조금씩 재구성한다.

4. 이렇게 하면 평소에 하고 싶었던 수업 활동들이 순서대로 배치된다. 이후 [6단계]의 한 장 정리를 할 때 시간이 부족한 차시는 다른 교과의 차시 중 활용할 수 있는 차시를 가지고 와 배치하면 활동을 할 수 있는 시간을 충분히 확보할 수 있다.

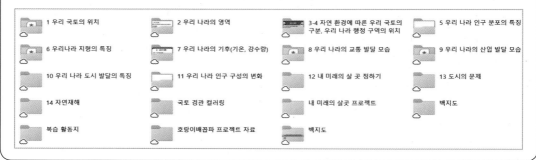

---

⑤ 핵심 활동 및 루틴 정하기

지리 프로젝트 (호랑이 배꼽파 프로젝트)		교과 중심
도입	주된 활동 루틴	마무리
<동> 지도를 보며 내가 가 본 지역 소개하기	탐구 수업 1. 가설 설정 2. 자료 제시 3. 지도 탐구하기 4. 결론 발표하기 5. 결론을 평택에 적용하기	**<결과물>** 평택의 지리적 정보를 한 장에 정리 **< 활 동 >** 1. 평택을 소개합니다. (국토 지리적 정보를 활용한 평택 소개 자료 만들기) 2. 자기 평가 및 소감 발표
<1> 우리 국토에서 평택의 위치 찾기		
<2> 평택이 호랑이 배꼽이라고 불리는 이유는?		
<3> 평택에 대한 국토 퀴즈 풀기 (나는 우리 고장에 대해 얼마나 알고 있는가?)		
<정> 호랑이 배꼽파 프로젝트 안내		

⑥ 한 장 정리

성취 기준	차시	방법	재구성	평택에 적용
[6사01-01] [6사01-02]	1	지식	프로젝트 도입	**평택-국토 퀴즈 풀기**
	2-3	지식	우리 국토의 위치	**평택의 위치를 찾아라!**
	4	지식	우리나라의 영역	**우리나라의 영토, 영공, 영해를 수호하는 평택!**
	5	지식	우리 국토 구분하기	**평택은 어느 지역에 있을까?**
	6~7		우리나라의 행정 구역	
[6사01-03] [6사01-05] [6사01-06]	8~9	탐구 가설 설정	우리나라 인구 분포의 특징 알기	**평택의 인구가 증가하는 이유는?**
	10-11	탐구 가설 검증	<가설 검증 ①-1> 지형과 인구 분포의 관계 (산지, 하천, 평야)	
	12-15		<가설 검증 ①-2> 지형과 인구 분포의 관계 (해안) |미술 3단원 2차시| 점토를 이용해 표현하기| | 우리나라 입체 지형도 만들기 |	
	16-17		<가설 검증 ②> 일자리와 인구 분포의 관계	
	18-19		<가설 검증 ③, ④> 편의시설, 교육, 교통과 인구 분포의 관계	
	20	지식	우리나라 기후 살펴보기	**평택이 겨울에 추운 이유는?**
	21	탐구	우리나라 기온의 특징	**평택과 울진, 어디가 더 따뜻한가?**

22	탐구	우리나라 강수량의 특징	평택이 여름에 비가 많이 오는 2가지 이유
23-25	문제 발견 1	우리나라 (인구 구성) 특징 미술 3단원 2차시 | 디자인하기 평택 인구 정책 포스터 만들기	저출산, 고령화 사회, 평택은 현재 상황은?
26-27	문제 발견 2	우리나라의 자연재해의 종류 알고 예방 방법 알기 창체 자율 1차시 | 재난안전교육	1) 평택에는 어떤 자연재해가? 2) 증가하는 자연재해, 우리는 잘 대비되어 있는가?
28-29	마무리	프로젝트를 마치며 [평가]	국토 지리 정보를 이용한 평택 소개 자료 만들기 (우리 평택은요)

[6사01-04]

재구성	사	미	창
24차시 → 29차시	24	4	1

[호랑이 배꼽파 프로젝트 한 장 정리표]

⑦ **마중그림** (이름, 표지) **만들기**

　호랑이 배꼽파 프로젝트는 사회 1단원에서 배우는 국토의 지리적 정보들이 내가 살고 있는 고장에는 어떻게 적용되는지 알아보는 프로젝트 수업이기에 이와 어울리는 마중그림을 만들었다. 인터넷의 여러 그림들을 합하여 만들었으며, 프로젝트 기간(2달 내외) 동안 칠판에 게시해 두었다.

⑧ 시각화 자료 만들기

아이들이 매 차시 배운 국토의 지리적 정보들이 평택에는 어떻게 적용되는지 배우고 이 내용들을 한 장에 정리하기 위해 만든 자료들이다. 학생 개인별로 모두 시각화 자료를 제공하여 정리하였으며, 프로젝트 마무리 차시에도 활용하였다.

방법	(1) A4 도화지에 8개의 칸을 만들고, 2장을 이어 붙인다. (총 16칸) (2) 평택 지도를 16개의 칸으로 나누어 라벨지에 인쇄한다. (총 16조각) (3) 매 차시가 끝날 때마다 아이들에게 1장씩 나누어 주고 위치에 맞게 붙인 후 오늘 학습한 내용 중 평택과 관련된 내용을 정리한다.
장점	● 프로젝트 진행 정도를 확인할 수 있다. ● 한 장씩 지도가 완성될 때마다 성취감을 느낀다. ● 우리 국토의 지리적 정보가 평택에는 어떻게 적용되는지 한눈에 파악하기 쉽다.

1부

2부

3부

[1] 도화지에 우리 고장 지도를 인쇄하고 14칸으로 나누기

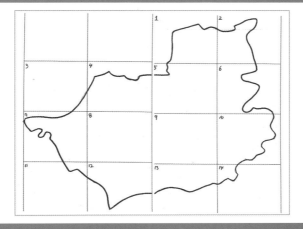

[2] 차시가 끝날 때마다 학습한 내용을 정리

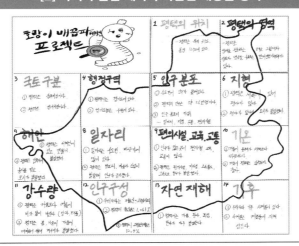

[블록 쌓기: 설계하기]

프로젝트 수업 계획하기 8단계	블록 쌓기 TIP
① 굳이 프로젝트 수업을 해야 하는 이유 찾기	1) 단원의 내용이 많아 그냥 가르치는 것이 더 어려움. 2) 단원에서 배운 국토의 지리적 정보들이 우리 생활과 관련이 없다고 느끼는 문제
② 방법 정하기 (교과 중심 VS 주제 중심)	**교과 중심 프로젝트** 1) 중심 교과 – 사회 2) 뒷받침 교과 – 미술, 창체
③ 중심 교과 정하기 + 성취 기준 분석	1) 가르칠 내용 – 국토의 여러 가지 지리적 정보 2) 가르칠 방법 – 강의, 탐구 학습, 실습
④ 활동 브레인스토밍	**[방법 1] 중심 교과의 차시 내용별 폴더 만들기** 1. 교과서 차시 내용별로 폴더를 하나씩 만들기 2. 인터넷의 여러 자료를 훑어보며 자료 다운로드 3. 다운로드한 교육 자료를 하나씩 정독 및 재구성
⑤ 핵심 활동 및 루틴 정하기	1) 도입 활동 – 평택에 대한 국토 퀴즈 풀기 2) 마무리 활동 – 평택을 소개합니다. 3) 주된 활동 루틴 - 탐구 학습
⑥ 한 장 정리	119쪽 호랑이 배꼽파 프로젝트 한 장 정리표 참고
⑦ 마중그림 (이름, 표지) 만들기	
⑧ 시각화 자료 만들기	

(2) 실천하기

① 도입 활동 - 평택에 대한 국토 퀴즈 풀기 (나는 우리 고장에 대해 얼마나 알고 있는가?)

문제	
[1] 평택의 위치 우리 국토를 북부, 중부, 남부 지역으로 구분할 때 평택은 (중부)지역에 있다.	**[2] 평택의 행정구역** 평택은 우리나라의 행정구역 8개의 '도' 중에서 (경기도)에 속한다.
[4] 평택의 지형 평택은 우리나라의 (동/서)쪽에 있고 (평야)가 많아서 도시가 발달했다.	**[6] 평택의 기온** 평택은 서해안에 있어 같은 위도인 울진보다 (춥다 / 따뜻하다).

② 전개 활동 – 우리 국토의 위치 알기 (평택의 위치를 찾아라!)

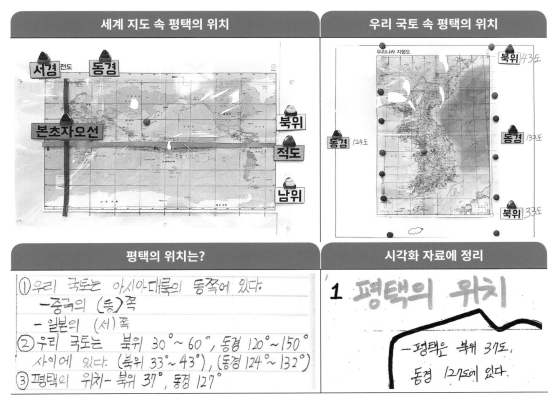

③ 정리 활동 - 우리나라 여러 지형의 위치를 통해 지형의 높낮이 탐구하기

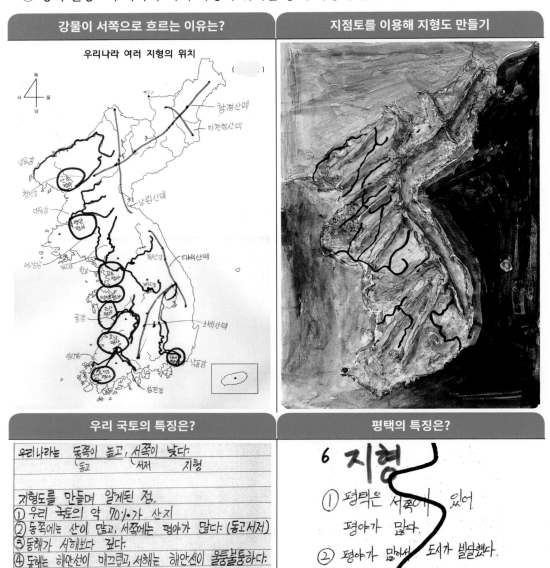

강물이 서쪽으로 흐르는 이유는?

우리나라 여러 지형의 위치

지점토를 이용해 지형도 만들기

우리 국토의 특징은?

우리나라는 동쪽이 높고, 서쪽이 낮다.
　　　　동고　　　서저　　　지형

지형도를 만들며 알게된 점,
① 우리 국토의 약 70%가 산지
② 동쪽에는 산이 많고, 서쪽에는 평야가 많다. (동고서저)
③ 동해가 서해보다 깊다.
④ 동해는 해안선이 매끄럽고, 서해는 해안선이 울퉁불퉁하다.

평택의 특징은?

6 지형
① 평택은 서쪽에 있어 평야가 많다.
② 평야가 많아서 도시가 발달했다.

[블록 돌아보기: 성찰과 성장]

국토의 여러 지리적 정보들을 내가 살고 있는 고장에 적용해 볼 수 있는 점이 흥미로웠다. 학생들도 직접 공부를 하며 배운 지식들을 우리 고장에 바로 활용해 볼 수 있어서 많은 흥미를 가지고 참여하였다. 다만, 지리적 정보 자체에 대한 용어나 개념이 어려운 경우가 많아 자세히 설명하고, 활동하다 보니 계획된 시간보다 초과되는 활동이 잦았다. 단원 시작에 앞서 3, 4학년 때 배운 개념들을 복습하고 진행을 했으면 조금 더 수월했을 것 같다는 생각이 든다. 다음에 지리 프로젝트 수업을 하게 된다면 조금 더 다양한 차시를 확보하여 조금 더 차근차근 활동해 나가려 한다.

[블록 연결하기: 에듀테크 활용법]

구글 어스(Google Earth)로 우리 고장의 지형 살펴보기

구글 어스(Google Earth)는 구글에서 개발한 가상 지구 프로그램으로, 사용자가 전 세계를 3D 지도와 위성 이미지로 탐험할 수 있도록 설계된 소프트웨어이다. 이 프로그램은 위성사진, 항공 촬영 이미지, GIS 데이터를 결합하여 지구의 거의 모든 지역을 시각적으로 탐색할 수 있게 한다. 구글 어스는 무료로 제공되며, 웹, 데스크톱, 모바일 애플리케이션 등 다양한 플랫폼에서 사용할 수 있다.

1. 웹브라우저에서(https://earth.google.com) 검색
2. 구글 어스 실행
3. 화면 오른쪽 상단의 검색창에 장소나 주소를 입력하여 탐색
4. 화면을 드래그하거나 줌 기능을 사용해 지도 탐험
   - **거리 측정:** 지도상에서 두 지점 간의 거리를 측정한다.
   - **레이어 활성화:** 도로, 건물, 경계선 등 다양한 정보를 레이어로 추가한다.
   - **시간 경과 확인:** 과거의 위성사진을 불러와 특정 지역의 변화를 확인한다.

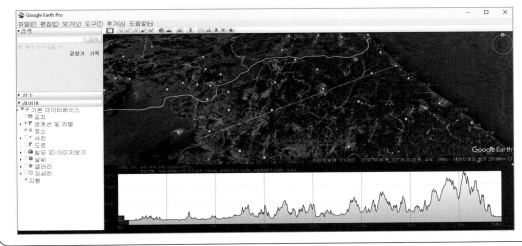

2) 꼬마 역사학자 프로젝트

"5000년 역사를 51차시 만에? 역사 수업과 교과 진도, 두 마리 토끼를 잡다!"

(1) 계획하기

① 굳이 프로젝트 수업을 해야 하는 이유 찾기

가. 프로젝트 수업 이유

5학년 2학기 사회 교과는 역사로 내용이 구성되어 있다. 2학기 동안 51차시의 수업을 하는데 고조선에서 6·25전쟁까지 약 5천 년의 역사를 배우게 된다. 그렇기에 시간당 가르쳐야 할 학습 내용 자체가 굉장히 많다. 교과서만 읽고 용어만 설명하여도 40분이 끝나 버린다. 아이들은 교육과정상 처음으로 역사를 배운다. 역사에 관심 있는 아이들도 있지만 역사를 처음 접하는 아이들도 있다. 이러한 상황에서 교과서대로만 가르치면 다양한 수업 방법을 활용하는 데 어려움이 있고, 인디스쿨과 블로그에 있는 좋은 자료를 쓰기에도 시간 자체가 부족하다. 다시 말해 교과서대로 가르치는 것이 더 어렵고 시간이 더 오래 걸린다. 그래서 다른 교과의 차시를 가지고 와서 내용을 재구성하여 수업하면 다양한 활동을 할 수 있고 학생들이 역사에 흥미를 가질 수 있다고 생각하여 프로젝트 수업으로 진행하게 되었다.

나. 역사 수업 연수와 책을 보다.

2020년, 이관구 선생님의 역사 수업 연수를 듣게 되었다. 그리고 《초등 한국사! 진짜 역사 수업을 말한다》(이관구 저)를 함께 읽었다. 2019년 5학년 첫 해, 역사 수업을 하면서 시간이 부족해 정말 고생했던 기억이 있었다. 그리고 그해 겨울, 이관구 선생님의 연수를 듣고 책을 경험하며 '역사 수업을 정말 재미있게 할 수 있구나'라고 생각했다. 이때 배운 여러 가지 활동을 해 보고 싶었는데 차시가 너무나 부족했다. 그래서 역사와 관련된 다양한 활동을 하고 싶어 역사 프로젝트를 계획하게 되었다.

그러므로 2학기 사회(역사)를 중심으로 다른 교과의 차시를 빌려와 재구성하고, 역사를 가르칠 수 있는 차시를 늘려 프로젝트를 진행하였다.

② **방법 정하기** (교과 중심 프로젝트 수업)

5학년 2학기 사회 전체가 역사 프로젝트 내용이기에 사회를 중심 교과로 하고, 2학기의 다른 교과들을 뒷받침 교과로 활용하였다. 특히 국어 교과를 많이 활용하였는데, 그 이유는 5학년 국어 1~2학기 동안 교육과정 내용이 비슷한 단원이 많았기 때문이다. 경험한 글쓰기, 토의, 요약하기 등 여러 번에 걸쳐서 반복적으로 나오는 내용이 많아 도구 교과로 활용하여 역사 수업에 활용하였다.

교과 중심 프로젝트	역사 프로젝트	
	중심 교과	● 사회 5-2 전체
	뒷받침 교과	● 국어, 미술, 창체, 도덕 등

③ **중심 교과 정하기 + 성취 기준 분석하기**

성취 기준	가르칠 내용	가르칠 방법	수업 방법
6사03-01	고조선의 등장과 관련된 **건국 이야기**를	**살펴보고**	탐구 학습
	고대 시기 나라의 발전에 기여한 **인물의 활동**을 통해 여러 **나라가 성장하는 모습**을	**탐색**한다.	
6사03-02	**불국사와 석굴암, 미륵사 등 대표적인 문화유산**을 통해 고대 사람들이 이룩한 **문화의 우수성**을	**탐색**한다.	
6사03-03	고려를 세우고 외침을 막는 데 힘쓴 **인물의 업적**을 통해 **고려의 개창과 외침 극복 과정**을	**탐색**한다.	
6사03-04	**고려청자와 금속활자, 팔만대장경 등의 문화유산**을 통해 **고려 시대 과학 기술과 문화의 우수성**을	**탐색**한다.	
6사03-05	조선을 세우거나 문화의 발전에 기여한 **인물의 업적**을 통해 **조선 전기 정치와 민족 문화의 발전상**을	**탐색**한다.	
6사03-06	대표적인 유적지와 인물들의 활동을 통해 임진왜란, 병자호란 등과 같은 **국가적 위기의 극복 과정**을	**탐색**한다.	
6사04-01	**영·정조 시기의 개혁 정치와 서민 문화의 발달**을 중심으로 **조선 후기 사회와 문화의 변화 모습**을	**탐색**한다.	
6사04-02	조선 사회의 모순을 극복하기 위해 개혁을 시도한 **인물의 활동**을 중심으로 **사회 변화를 위한 옛사람들의 노력**을	**탐색**한다.	
6사04-03	일제의 침략에 나라를 지키고자 노력한 인물의 활동에 대해	**조사**한다.	조사 학습
6사04-04	**광복**을 위하여 힘쓴 인물의 활동을	**파악**하고	실습
	나라를 되찾기 위한 노력을 소중히 여기는 태도를	**기른다.**	

6사04-05	광복 이후 대한민국 정부의 수립 과정을	**살펴**보고	강의
	대한민국 정부 수립의 의의를	**파악**한다.	
6사04-06	6·25전쟁의 원인과 과정을	**이해**하고	탐구
	그 **피해상**과 **영향**을	**탐구**한다.	

정리	
탐색	드러나지 않는 사물이나 현장을 찾는 행위
탐구	탐색 행위를 통해 가설을 입증하거나 문제를 해결하는 과정

[5~6학년군 성취 기준 분석표 (2015 개정 교육과정 기준)]

5학년 2학기 2단원 성취 기준을 분석하면 가르칠 방법이 대부분 '탐색 활동'이다. 탐색이란 '드러나지 않는 사물이나 현장을 찾는 행위'이다. 이 탐색 행위를 통해 가설을 입증하거나 문제를 해결하는 과정이 탐구이므로 역사 단원의 성취 기준을 달성하기 위해서는 '탐구 학습'을 하는 것이 적절하다. 그러므로 탐구 학습을 주된 방법으로 역사 프로젝트를 계획하고자 한다.

④ 활동 브레인스토밍

5학년 2학기 사회 전체가 역사 내용이다. 그렇기에 51차시 전체를 프로젝트로 계획해야 한다. 평소 역사와 관련된 활동 중 해 보고 싶었던 활동들을 떠올려 보았다. 또 다른 교과를 가르치다가 역사와 연결 지어 수업하면 재미있을 것 같은 활동들을 프로젝트 수업에 엮어 진행하면 좋겠다는 생각이 들어 수업 기획안을 작성하는 방법을 선택하였다.

> **[방법 2] 프로젝트 수업 기획안 작성하기** (역사 프로젝트)
>
> 1. 프로젝트 주제와 관련된 하고 싶은 활동 적기
> 2. 다른 교과의 교육과정에서 (1)에서 떠올린 활동들을 적용할 수 있는 단원, 차시 찾기
>   - '역사 연극'을 떠올렸으면 역사 연극을 할 수 있는 다른 교과의 단원, 차시를 찾으면 된다. 사회 수업 시간만으로 역사 연극을 하는 데에는 시간이 부족하므로 국어 '연극' 단원의 일부 차시를 활용하여 '역사 연극'을 진행하면 사회, 국어 진도를 함께 나가면서 역사를 적용할 수 있는 활동도 할 수 있게 된다.
> 3. 기획안 작성하기

관련 교과	활동명		배움 활동 / 단원	세부 배움 활동
미술	팔만대장경으로 고려를 지켜라	표현	[3-09] 즐겁게 입체로 만들기	○ [조선] 금속활자 만들기 (지우개) ○ [조선] 팔만대장경 만들기 (우드락 판화)
	[조선] 나도 신사임당! 우리나라의 미술	감상 표현	[2-07] 전통 미술과 현대 미술	○ 전통 미술 특징 찾기 ○ 시대와 표현 재료 방법 읽기 ○ 민화, 수묵담채화 그리기 (붓펜, 물감)
	[조선] 5-2 시조 백일장	표현	[4-13] 아름다운 우리 글씨, 궁체	○ [조선] 이방원, 정몽주 시조 쓰기 대회
	특명! 문화유산을 알려라! 대한독립만세!	표현	[3-10] 내용을 알리는 디자인	○ 문화유산 광고 만들기 ○ 독립운동 홍보 포스터 ○ 미니 태극기 만들기
	(삼국) 최종 병기 활	표현	[8-05] 상상으로 펼치는 새로운 세상	○ 폼보드 활, 수수깡 화살 만들기 - 최고의 TOP 궁사 선발 대회
	(삼국) 문화재 전문가 되어보기	표현	[3-09] 즐겁게 입체로 만들기	○ 문화재 조립하기

⑤ 핵심 활동 및 루틴 정하기

역사 프로젝트 (꼬마 역사학자 프로젝트)		교과 중심
도입	주된 활동 루틴	마무리
역사 시대 연표 만들기	탐구 수업	역사 체험 주간
[출처] https://blog.naver.com/ykk209/221585395424	1. 자료 제시 2. 역사학자가 되어 탐구 3. 나만의 결론 발표 4. 실제 역사는?(교과서 읽기)	1. 역사 영화 관람하기 - 영화 〈영웅〉 2. 독립기념관 관람하기

⑥ 한 장 정리

한 학기 전체를 프로젝트 수업으로 계획하였기에 프로젝트에 활용된 여러 교과들의 차시를 정리할 필요가 있었다. 프로젝트 수업의 많은 활동들의 출처는《초등 한국사! 진짜 역사 수업을 말한다!》책과 '관쌤의 역사수업연구소'이다. 이렇게 훌륭한 활동들을 교육과정 시간 내에 운영할 수 있도록 여러 교과를 도구 교과로 이용하여 차시를 가지고 와 시간을 확보한 것이다.

5학년 2학기 [사회] 재구성 시수 계획							
	주제	기존	재구성		과목별		
1. 옛사람들의 삶과 문화	단원 도입	8	사회	9			
	① 나라의 등장과 발전		국어	5			
			창체	2	사회	26	
	② 독창적 문화를 발전 시킨 고려	7	사회	7	국어	18	
			국어	3	미술	8	
			미술	4	도덕	1	
			도덕	1	창체	2	
	③ 민족 문화를 지켜 나간 조선	10	사회	10	합계	55	
	단원 학습 내용 정리 및 사고력 학습		국어	10			
			미술	4			
	합계	25	→	55	+30		

> 다른 교과에서 가지고 온 차시들, 다른 교과를 가르칠 땐 어떻게 했을까?
>
> 1. 먼저 국어 수업 단원 지도 순서를 재배열한다.
>   - 역사 프로젝트에 활용된 순서대로 국어 단원 지도 순서를 재배열하여 지도한다.
> 2. 역사 프로젝트에 활용된 국어 단원에 대한 재구성 계획을 수립한다.
>   - 연극 단원 3, 6차시가 역사 수업에 활용되었기에 남은 1, 2, 4, 5차시를 재구성하여 국어 성취 기준을 도달할 수 있도록 한다.

⑦ 마중그림 (이름, 표지) 만들기

　3단계 성취 기준 분석을 통해 역사 프로젝트의 핵심 활동을 '탐구 수업'으로 설정하였다. 그렇기에 학생들이 역사학자가 되어 활동을 수행하는 프로젝트라는 뜻으로 '꼬마 역사학자 프로젝트(꼬.역.프)'로 이름을 짓게 되었다.

⑧ 시각화 자료 만들기

시각화 자료는 프로젝트 기간 동안 교실 공간에 배치해 두어 학생들이 꾸준히 몰입할 수 있는 장치이다. 칠판에는 역사 연표를 만들어 붙여 두었으며, 교실 뒤편에는 프로젝트 수업에서 활용한 활동지를 모은 포트폴리오를 게시해 두었다.

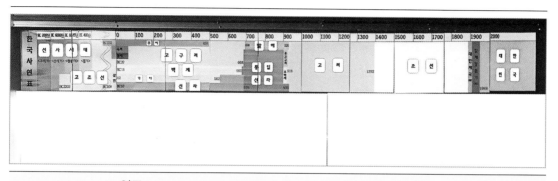

연표 (출처 - 인디스쿨 https://indischool.com/boards/libSociety/87470)

포트폴리오

[블록 쌓기: 설계하기]

프로젝트 수업 계획하기 8단계	블록 쌓기 TIP
① 굳이 프로젝트 수업을 해야 하는 이유 찾기	1) 고조선~6·25전쟁까지 51차시 내에 가르치기에 너무 빠듯하여 차시 확보가 필요 2) 연수를 통해 배운 다양한 역사 활동을 실천하기 위해서 차시 확보가 필요
② 방법 정하기 (교과 중심 VS 주제 중심)	**교과 중심 프로젝트** 1) 중심 교과 – 사회 2) 뒷받침 교과 – 국어, 미술, 창체, 도덕 등
③ 중심 교과 정하기 + 성취 기준 분석하기	1) 가르칠 내용 – 인물, 문화 중심 2) 가르칠 방법 – 탐구 학습
④ 활동 브레인스토밍	[**방법 2**] 프로젝트 수업 기획안 작성하기 1. 프로젝트 주제와 관련된 하고 싶은 활동 적기 2. 다른 교과의 교육과정에서 ⑴에서 떠올린 활동들 3. 기획안 작성하기
⑤ 핵심 활동 및 루틴 정하기	1) 도입 활동 – 역사 시대 연표 만들기 2) 마무리 활동 – 역사 체험 주간 3) 주된 활동 루틴 – 탐구 학습
⑥ 한 장 정리	129쪽 꼬마 역사학자 프로젝트 한 장 정리표 참고
⑦ 마중그림 (이름, 표지) 만들기	꼬마 역사 학자 프로젝트

⑧ 시각화 자료 만들기

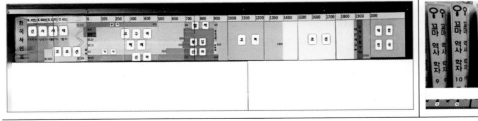

(2) 실천하기

① 국어 2단원, 연극 단원 연계 - 지식이나 경험을 활용해 글 읽기 + 고조선 연극하기

기존의 사회 교육과정상 고조선 활동에 배정된 차시는 1차시이다. 1차시만으로 고조선에 대해 설명은 할 수 있지만 학생들과 다양한 활동을 하기에는 현실적으로 시간이 부족하다. 이러한 경우 국어의 차시를 활용하여 역사 활동을 한다면 국어 수업의 진도도 나가면서 다양한 역사 활동을 할 수 있기에 활동 차시를 확보하면서 동시에 국어 차시를 절약할 수 있다.

만약 국어를 활용하지 않았다면 역사는 역사대로, 국어는 국어대로 수업을 준비하여 진도를 나가야 하기에 진도에 대한 부담이 더욱 커졌을 것이다.

1부
2부
3부

국어 2단원	성취 기준	**[6국02-01]** 읽기는 배경지식을 활용하여 의미를 구성하는 과정임을 이해하고 글을 읽는다.
	활용 차시	**[1~2차시]** 지식이나 경험을 활용해 글을 읽으면 좋은 점을 안다.
국어 연극 단원	성취 기준	**[6국05-04]** 일상생활의 경험을 이야기나 극의 형식으로 표현한다.
	활용 차시	**[7~8차시]** 이야기의 장면을 표현하며 재미를 느낄 수 있다.

국어 2단원을 활용한 역사 수업	활동
단 원 2. 지식이나 경험을 활용해요 (60) *배움문제 지식이나 경험을 활용해 글을 읽으면 좋은 점 알기 **활동1** 정보 마당 만들기 석기 시대 / 고조선 생각그물	**[읽기 전]** 정보마당 만들기 (석기시대, 고조선) 글을 읽기 전 석기시대와 고조선에 대해 알고 있는 것으로 생각그물을 만든다. (사회 시간에 고조선에 대해 배운 상황) **[읽기 중]** 정보마당에서 나눈 것 동그라미 그림책 《맨 처음 우리나라 고조선》을 읽으며 <활동 1>에서 만든 정보마당에서 나온 단어들을 동그라미로 표시한다. **[읽기 후]** 고조선 역할극 준비하기 - 그림책 《맨 처음 우리나라 고조선》의 각 장면들로 모둠 역할극을 준비한다.

[관련 성취 기준 및 차시 (2015 개정 교육과정 5학년 2학기 국어)]

3. 5~6학년군 프로젝트 수업

② 국어 5단원, 미술 단원 연계 – 독립운동가 조사하고 소개 자료 만들기

5학년 2학기 사회 2단원에는 여러 독립운동가가 나온다. 교과서를 보면 근대의 여러 사건이 순서대로 나열되어 있는데, 주어진 사회 교과 시간에는 사건들의 내용을 살펴보기에도 시간이 벅찰 때가 많다. 그렇다 보니 성취 기준에서 강조하는 '인물'을 자세하게 조사하고 살펴볼 시간이 부족하다. 그래서 국어 5단원 매체와 관련된 내용, 미술 체험 단원의 포스터 만들기 활동을 연계하여 수업을 구상하였다. 총 6차시에 걸친 활동으로 진행하였으며 국어 4차시, 미술 2차시를 이용하여 역사 활동을 하였다. 덕분에 차시를 여유롭게 확보하고, 학생들과 독립운동가에 대해 더 깊이 있게 알아볼 수 있었다.

국어 5단원	성취 기준	[6국02-05] 매체에 따라 다양한 읽기 방법을 이해하고 적절하게 적용하며 읽는다.
	활용 차시	[5~6차시] 알맞은 방법으로 매체 자료를 읽고 주요 내용을 정리할 수 있다.
		[9~10차시] 알리고 싶은 인물을 소개할 수 있다.
미술 체험 단원	성취 기준	[6미01-04] 이미지를 활용하여 자신의 느낌과 생각을 전달할 수 있다. [6미01-05] 미술 활동에 타 교과의 내용, 방법 등을 활용할 수 있다.
	활용 차시	[3~4차시] 나만의 포스터 만들기

활동			
국어	**<활동 1> 영상 매체 자료 보기** (기억록) - '기억록' 영상 매체를 통해 독립운동가 조사하기 **<활동 2> 인쇄 매체 자료 보기** (나무위키) - '나무위키' 인쇄 매체를 통해 독립운동가 조사하기 **<활동 3> 읽은 내용 정리 및 요약하기**	미술	**<활동 4> 인물 소개 포스터 만들기** - 활동 1~3을 통해 조사한 내용을 바탕으로 인물 소개 포스터 만들기

[관련 성취 기준 및 차시 (2015 개정 교육과정 5학년 2학기 국어, 미술)]

③ 국어 독서 단원 연계 – 독립운동가 말꽃 모음 (정의적 영역)

도서관에서 《독립운동가 말꽃 모음》이라는 책을 발견했다. 독립운동가께서 독립운동을 하시며 남기셨던 어록이나 대화 글이 담긴 책인데, 나라를 되찾기 위한 독립운동가들의 의지와 노력을 고스란히 느낄 수 있는 책이다. 이 책을 학생들과 함께 읽으면 사회 2단원 성취 기준 중 정의적 영역에 해당하는 [6사04-04]를 충분히 달성할 수 있겠다고 생각했다. 그래서 여러 교육과정을 살펴보다가 국어의 '독서 단원'을 활용하였다. 학생들에게 책을 준비하도록 안내하였고, 책을 함께 읽으며 독립운동가들의 마음을 느껴보도록 하였다.

국어 독서 단원	성취 기준	**[6국05-01]** 문학은 가치 있는 내용을 언어로 표현하여 아름다움을 느끼게 하는 활동임을 이해하고 문학 활동을 한다.
사회 2단원	성취 기준	**[6사04-04]** 광복을 위하여 힘쓴 인물의 활동을 파악하고 나라를 되찾기 위한 노력을 소중히 여기는 태도를 기른다.

활동
<활동 1> 책 《독립운동가 말꽃 모음》 읽기 <활동 2> 마음에 드는 '말꽃' 선택하기 <활동 3> 친구에게 소개하기

독립운동가 말꽃모음

이회영	**독립운동을 위해 서간도로 떠나기 전 형제들에게 전한 말**
	이 나라의 교목세신(벼슬)이 되어 왜놈 밑에서 노예로 구차하게 생명을 이어야 하겠는가? 우리 형제들은 차라리 대의를 위해 죽는 길을 선택하자. 국경을 넘어 만주의 드넓은 벌판으로 가서 독립운동에 남은 삶을 모두 바치자.
안창호	**윤봉길의사 의거가 후 체포된 안창호에게 일본 경찰이 '그렇게 고생하고도 독립운동을 계속 할 것이냐고 하자**
	내가 밥을 먹고 잠을 잔 이유는 오직 하나, 대한독립을 쟁취하기 위해서이다. 살아 있는 한, 목숨이 붙어 있는 한, 나는 쉬지 않고 독립운동을 할 것이다.
	안중근 의거가 일어난 후 안창호는 수감되었는데, 이 때 그의 지인이 일제에 협력하는 척을 하라고 회유하자
	나는 도저히 통감부의 사냥개 노릇을 감당할 수 없다. 겉으로는 친일파처럼 보여도 속으로는 애국자인 셈이라고 당신은 말하지만 한 번 친일파라는 이름을 얻으면 죽은 후에도 친일파이고, 천추만대에 더러운 이름을 남기게 되는 것. 대한의 애국자 안창호가 옥중에서 죽는 대신 일본 사냥개 안창호라는 이름으로 구차하게 생명을 보전할 수는 없다.

(출처 - Yes24)

[관련 성취 기준 및 차시 (2015 개정 교육과정 5학년 2학기 국어, 사회)]

④ 국어 1단원 연계 – 6·25전쟁으로 사람들이 겪는 어려움 느껴보기 (정의적 영역)

5학년 2학기 역사 수업의 마지막 차시는 6·25전쟁이다. 성취 기준을 보면 '6·25전쟁의 원인과 과정을 이해하고, 그 피해상과 영향을 탐구한다'로 구성되어 있다. 교과서를 보면 전쟁의 과정이 자세하게 소개되어 있고, 여러 가지 그래프와 사진 자료로 피해상들을 깊이 있게 다루고 있다. 여기서 더 나아가 전쟁으로 사람들이 겪는 어려움을 간접적으로나마 느끼도록 하고 싶었다. 그래서 예전에 용산 전쟁기념관을 방문했을 때 가장 인상 깊었던 '어느 학도병의 편지'가 떠올랐다. 6·25전쟁 당시 학도병으로 차출된 이우근 학도병이 전투를 앞두고 어머니께 쓴 편지글인데 이 편지글에는 전쟁의 참혹함과 당시 전쟁에 참여한 군인들의 두려움과 슬픔 등이 정말 자세하게 적혀 있다. 이 편지글을 자세히 읽는 것만으로도 전쟁의 피해와 영향을 간접적으로나마 느낄 수 있다고 생각되었다. 마침 국어 1단원 마지막 차시가 이야기를 읽고 공감하며 대화를 나누는 활동이기에 '어느 학도병의 편지'를 읽기 제재로 활용하여 활동을 하였다.

국어 1단원	성취 기준	**[6국01-07]** 상대가 처한 상황을 이해하고 공감하며 듣는 태도를 지닌다.
	활용 차시	**[7~8차시]** 이야기를 읽고 공감하며 대화를 나눌 수 있다.
사회 2단원	성취 기준	**[6사04-06]** 6·25전쟁의 원인과 과정을 이해하고 그 피해상과 영향을 탐구한다.

활동

<활동 1> 6·25전쟁의 원인과 과정 파악하기
<활동 2> 어느 학도병의 편지 읽기
<활동 3> 어느 학도병에게 보내는 편지 쓰기

-어느 학도병의 편지-

어머님! 나는 사람을 죽였습니다.
물담 하나를 사이에 두고 제가 죽인 사람이 10명은 될 것입니다.
저는 2명의 특공대원과 함께 수류탄이라는 무서운 폭발 무기를 던져 일순간에 죽이고 말았습니다.
수류탄의 폭음은 저의 고막을 찢어놓고 말았습니다.
지금 이 글을 쓰고 있는 순간에도 제 귓속은 무서운 굉음으로 가득 차 있습니다.

어머님 괴뢰의 다리가 떨어져 나가고, 팔이 떨어져 나갔습니다. 너무나 가혹한 죽음이었습니다.

<어느 학도병에게 보내는 편지>

이우근 학도병님께

안녕하세요. 저는 00초등학교 0000이라고 합니다. 학도병님께서 어머니께 보낸 편지를 읽으니 그 당시 학도병님 처한 상황이 얼마나 잔혹하고 무서웠을지 저는 상상도 안되며 학도병님의 마음 또한 얼마나 두렵고 고통스러웠을지 상상조차 할 수 없었습니다. 저희가 지금 이렇게 행복하게 살 수 있는 것에는 학도병님들의 희생이 결코 헛되지 않았음을 증명하는 것 입니다. 나라를 위해 싸워주셔서 감사합니다.

학생들이 학도병에게 쓴 답장

[관련 성취 기준 및 차시 (2015 개정 교육과정 5학년 2학기 국어, 사회)]

⑤ 마무리 활동 – 역사 체험 주간

역사 프로젝트는 2학기 전체 기간 동안 진행된 긴 호흡의 프로젝트였다. 마무리 활동을 어떻게 하면 좋을지 고민을 많이 했다. 교실에서 여러 가지 활동을 하면서 즐겁게 역사를 공부하였는데, 직접 현장에 나가서 역사를 체험해 보고 싶다는 생각이 들었다. 마침 학기말을 앞두고 12월에 안중근 의사를 주제로 한 영화 <영웅>이 개봉된다는 소식이 들려왔다. 그리고 학교 예산을 확보하여 '천안 독립기념관'을 관람할 수 있다는 정보도 얻을 수 있었다. 동 학년과 함께 추진하였으며 두 가지 역사 체험을 진행하였다.

<체험 1>은 천안 독립기념관을 관람하였다. 12월 말에 방문하였으며, 전시 해설을 신청하여 관람하였다. 연말에 방문하면 사람이 없고 널널하게 관람할 수 있다. 아이들은 독립 운동과 관련된 역사 공부를 마치고 방문하였기에 관람실에 전시된 내용들을 대부분 이해할 수 있었다. '아는 만큼 보인다'라는 말처럼 을사늑약 서문, 조선총독부 첨탑을 보며 분노하고, 윤

봉길 의사의 시계를 보며 눈물을 흘렸다. 실제 역사 기록들을 보며 아이들이 감정을 이입하는 체험을 경험할 수 있었다.

<체험 2>는 학교 옆 영화관에 〈영웅〉을 관람하러 갔다. 동 학년이 모두 관람하는 거라 영화관을 대관하여 관람하였다. 안중근 의사에 대해 많은 공부를 마치고 간 상태라 영화의 내용과 상황, 맥락 등을 학생들이 충분히 이해하였고, 여러 장면에서 많은 눈물을 흘리며 공감하였다.

학교에서만 역사를 공부하다 보면 아이들은 인물의 '큰 업적'에만 관심을 가지게 된다. 그러나 독립기념관과 영화를 관람하며 아이들은 당시 인물의 의지나 마음을 더욱 깊이 있게 알게 되었고, 자연스레 독립운동가의 노력에 대해 자세히 느낄 수 있었다.

<체험 1> 천안 독립기념관 관람	<체험 2> 역사 영화 〈영웅〉관람

(출처 - 나무위키)

[블록 돌아보기: 성찰과 성장]

5학년 2학기 역사 단원을 지도해 보신 선생님들은 시간이 절대적으로 부족하다는 것을 공감하실 것이다. 처음 5학년을 맡았던 해, 역사를 가르치며 시간이 부족했고 다양한 활동을 하지 못한 아쉬움이 진하게 남았다. 인디스쿨의 여러 자료들, 블로그와 인터넷의 여러 좋은 활동들을 하고 싶었지만 현실적으로 시간이 부족했다. 연수를 듣더라도 제일 먼저 드는 생각은 '연수에서 알려주신 활동을 하면 제 시간에 진도를 나갈 수 있을까?' 였다. 그런데 시간만 확보하면 다양한 활동들을 재미있게 할 수 있을 것 같은 생각이 들었다. 그래서 5학년 교육과정 전체를 샅샅이 파헤쳐 보니 국어 교과에서 중복되는 내용이 정말 많았다. 이렇게 중복된 내용들의 제재를 역사로 활용한다면 시간을 충분히 활용할 수 있다는 생각이 들었다. 그래서 지도서를 펼쳐 두고 하나씩 대조해 가며 활용할 수 있는 차시들을 선별해 냈다. 그렇게 계획을 짜고 나니 연수에서 배운 내용들, 인디스쿨의 좋은 활동들을 할 수 있는 시간을 확보할 수 있었다.

모든 활동들을 혼자서 구상한다는 것은 대단히 어려운 일이다. 사회만 가르치는 것이 아니고, 수업만 하는 것이 아니기 때문이다. 그래서 기존에 업로드되어 있는 좋은 자료들과 활동들을 활용하고 싶었고, 이를 활용할 수 있는 차시를 만드는 것이 내가 해야 할 일이었다. 이렇게 역사 프로젝트를 기획하여 운영한지 3년이 되었고, 운영할수록 조금씩 더 여유가 생기게 되었다. 처음에는 다른 선생님의 자료를 거의 다 빌려 썼지만, 시간이 지날수록 활동을 하나씩 만들어 낼 수 있었다.

역사 프로젝트를 하고 나니 다른 주제에도 프로젝트 수업을 할 수 있겠다는 생각이 들었다. 그동안 시간이 부족해서 못한다고 했던 생각들을 버리고 차시를 확보할 수 있는 방법들을 찾아보게 되었다.

1부

2부

3부

[블록 연결하기: 에듀테크 활용법]

역사 수업 자료를 찾을 수 있는 유용한 인터넷 사이트

한국사 데이터베이스 - https://db.history.go.kr/ (사료 원문을 찾을 때 유용)

한국사 관련 문헌과 사료를 체계적으로 정리하고 디지털화하여 제공하는 온라인 데이터베이스. 한국사에 관심 있는 일반 대중, 연구자, 학생들이 무료로 이용할 수 있는 국가적 서비스로, 대한민국 국사편찬위원회가 운영하고 있음.

우리 역사넷 - https://contents.history.go.kr/front (수업에 활용할 사진을 찾을 때 유용)

우리 역사넷은 국사편찬위원회에서 운영하는 역사 콘텐츠 포털 사이트로, 한국사의 주요 사건, 인물, 문화, 유물, 지도 등을 다양한 형식으로 소개하고 있음. 이 사이트는 대중과 학생, 연구자들이 한국사를 쉽고 재미있게 이해할 수 있는 자료들이 있으며 수업에 활용할 고화질의 사진을 찾을 때 유용함.

국사편찬위원회 전자도서관 - https://library.history.go.kr/ (역사 도서를 찾을 때 유용)

국사편찬위원회 전자도서관은 한국사 연구와 학습을 위한 종합적인 자료 플랫폼으로, 역사와 관련된 도서 및 간행물을 찾을 때 유용함.

3) 오이들의 제로 프로젝트

"환경 문제 탐구 프로젝트, 우리 반 쓰레기통에서 시작한다고?"

(1) 계획하기

① 굳이 프로젝트 수업을 해야 하는 이유 찾기

학생들에게 프로젝트의 주도권을 더 넘겨주면 일장일단이 존재한다. 장점은 학생들의 흥미와 관심사를 반영할 수 있다는 점이다. 스스로 탐구의 방법, 결과물 등을 주도적으로 정할 수 있다는 장점이 있다. 하지만 주도성이 낮은 학생들의 모둠일 경우 의견 충돌이 잦고, 결과물을 단순하게 선택하는 경우가 있다. 이것이 바로 학생 중심 프로젝트의 일장일단이다. 따라서 이러한 단점은 보완하고 장점을 살릴 수 있도록 주의 사항을 지켜야 한다.

첫째, 조별로 핵심적인 '탐구 질문'을 만들도록 한다.

이 프로젝트를 진행할 때의 필요성을 교사 스스로도 찾아야 하지만, 학생들 스스로 고민하는 과정이 필요하다. 이때 교사는 안내자로서 피드백하고 방향성을 함께 조정할 필요가 있다.

둘째, 프로젝트 실행 전 학생들의 생각을 들어 볼 수 있는 발문을 하면 좋다.

아무리 좋은 프로젝트라고 하더라도 학생들의 삶에 도움이 되지 않는다고 생각하거나 왜 해야 하는지 필요성을 느끼지 못하는 경우 프로젝트를 진행해 나가는 데 있어 어려움을 겪을 수 있기 때문이다. 예를 들어, 환경에 대한 프로젝트를 진행하는 경우 평소 환경에 대해 어떻게 생각하는지, 환경보호를 떠올리면 가장 먼저 생각나는 게 무엇인지, 그동안 환경을 보호하기 위해 혼자 진행했던 일이 있는지 등을 물어보는 것이 좋다. 이렇게 학생들의 생각을 들었다면 좀 더 세부적인 내용을 학생들이 스스로 계획할 수 있는 학습 도구를 사용하면 좋다. 바로 PBL 프로젝트 카드 활동 세트이다. 이 PBL 프로젝트 카드 활동 세트에는 학생들이 스스로 프로젝트를 계획할 수 있는 프로젝트 맵과 주제 카드, 탐구 카드, 표현 카드 등이 함께 들어 있다. 그렇기 때문에 프로젝트 맵을 깔고 카드를 살펴보면서 각 모둠에서 원하는 방향으로 프로젝트를 설계할 수 있다.

PBL 프로젝트 카드 활동 (출처 - yes24)	모둠별 프로젝트 계획 활동 모습

② **방법 정하기** (주제 중심 프로젝트 수업)

'오이들의 제로 프로젝트'는 환경을 생각하는 생태 전환 교육, 즉 주제 중심 프로젝트이다. 생태 전환이라는 중심 주제에 다양한 교과의 성취 기준을 가져와 활용했다. 교과서에서 배우는 진도에 맞게 성취 기준을 분석하여 활용하였다.

③ **중심 교과 정하기 + 성취 기준 분석하기**

성취 기준	가르칠 내용	가르칠 방법	수업 방법
6도03-04	세계화 시대에 인류가 겪고 있는 **문제**와 그 원인을 **토론**을 통해	**알아**보고	강의
	이를 해결하고자 하는 **의지**를 가지고	**실천**한다.	실습
6국02-03	글을 읽고 **글쓴이가 말하고자 하는 주장**이나 **주제**를	**파악**한다.	모둠 토의
6국02-04	글을 읽고 **내용의 타당성**과 **표현의 적절성**을	**판단**한다.	실습
6국01-06	드러나지 않거나 **생략된 내용을 추론**하며	**듣는다.**	실습
6국03-05	**체험한 일에 대한 감상이 드러나게 글을**	**쓴다.**	글쓰기
6사08-05	지구촌의 주요 **환경 문제를 조사**하여 **해결 방안**을	**탐색**하고	탐구 + 실습
	환경 문제 해결에 협력하는 **세계 시민의 자세**를	**기른다.**	
6미01-05	미술 활동에 **타 교과의 내용, 방법** 등을	**활용**할 수 있다.	실습

[5~6학년군 성취 기준 분석표 (2015 개정 교육과정 기준)]

④ 활동 브레인스토밍

가끔 교실을 살펴보면 프로젝트 아이디어가 번쩍 떠오를 때가 있다. 이 프로젝트가 그랬다. 학생들이 다 하교하고 난 교실에서 혼자 청소를 하다가 분리수거함을 보게 되었다. 그런데 이게 어쩐 일인가. 분리수거함에 플라스틱이라고 쓰여 있었지만 플라스틱 아닌 쓰레기까지 뒤엉켜 있는 게 아닌가. 당황스러운 마음이었지만 그 자리에서 곧장 분리수거함 사진을 찍었다. 학생들과 함께 이야기하기 위함이었다. 환경 문제에도 평소 관심을 가지고 있었기에 연계할 수 있는 활동들이 떠올라 적기 시작했다. (활동 예시: 토의 토론, 책임의 문제, 실천 다짐, 환경 문제의 원인 살펴보기, 환경 관련 그림책 읽기 등) 또 이런 환경 문제는 비단 쓰레기에만 국한된 것이 아니기에 여러 가지 생태 문제를 함께 살펴보고 이야기를 나누면 좋겠다는 생각이 들어 생각한 내용을 종이에 브레인스토밍으로 정리했다.

⑤ 핵심 활동 및 루틴 정하기

오이들의 제로 프로젝트		주제 중심
도입	주된 활동 루틴	마무리
<동> 누구의 책임일까?	PBL 카드를 활용한 학생 주도 프로젝트 계획하기	**<결과물>** 협업 결과물
<1> 환경 기사 읽고 각 주체의 책임 토의하기		
<2> 기후 위기 배경지식 쌓기	1. PBL 프로젝트 카드 사용법 익히기 2. PBL 프로젝트 카드를 활용해 모둠별 계획 세우기	**< 활 동 >** 1. 환경 퀴즈 맞추기
<3> 그림책 읽고 이어질 장면 상상하기	3. 계획서를 작성한 뒤 모둠별 부스 만들기	2. 환경 인식 개선 설문 작성하기
<정> 환경을 위해 우리가 해야 할 일 생각하기	4. 부스 운영/체험하기	3. 소감 나누기

⑥ 한 장 정리

차시	성취 기준	과목	내용
1-2	**[6도03-04]** 세계화 시대에 인류가 겪고 있는 문제와 그 원인을 토론을 통해 알아보고, 이를 해결하고자 하는 의지를 가지고 실천한다.	도덕	▶ 누구의 책임일까? - 프로젝트의 동기 유발로 우리 교실에 제대로 분리수거되지 않은 쓰레기통 또는 정리되지 않은 교실의 모습 사진을 보여 주고 토의하여 실천 다짐 만들기

3-4	[6국02-03] 글을 읽고 글쓴이가 말하고자 하는 주장이나 주제를 파악한다. [6국02-04] 글을 읽고 내용의 타당성과 표현의 적절성을 판단한다.	국어	▶ 환경 관련 기사 읽고 토의하기 - 서클맵을 활용하여 의견 나누기
5	생태 전환 교육	창체	▶ 배경지식 쌓기 (지구는 우리가 지켜요/기후 미식회) - 환경 관련 영상 시청하며 의견 만들기
6-7	[6미01-05] 미술 활동에 타 교과의 내용, 방법 등을 활용할 수 있다. [6국01-06] 드러나지 않거나 생략된 내용을 추론하며 듣는다.	미술 국어	▶ 그림책 읽고 이어질 장면 상상해서 그리기 - 그림책《그러던 어느 날》 - 그림책《내 친구 지구》 - 그림만 있는 그림책, 글과 그림이 함께 있는 그림책을 읽고 이야기 나누기
8-12	[6사08-05] 지구촌의 주요 환경 문제를 조사하여 해결 방안을 탐색하고, 환경 문제 해결에 협력하는 세계 시민의 자세를 기른다.	사회	▶ PBL 프로젝트 활동 카드 세트를 활용한 모둠별 프로젝트 계획 및 실행 - 프로젝트 맵을 활용해 계획 세우기 - 모둠별 활동 진행하기 - 갤러리워크 및 스피크를 통해 모둠별 내용 공유하기
13	[6국03-05] 체험한 일에 대한 감상이 드러나게 글을 쓴다.	국어	▶ 프로젝트 마무리 - 프로젝트 내용과 관련된 간단한 퀴즈 및 소감 쓰며 마무리하기

⑦ **마중그림** (이름, 표지) **만들기**

아이들과 함께 생활하는 교실 속에서 프로젝트의 주제들을 찾을 수 있다. 남들이 하는 것에서 찾으려 하지 말고 우리 반의 특성에 맞게 찾아보자. '오이들의 제로 프로젝트'는 교실에서 일어나고 있었던 작은 문제의식을 공동의 지성으로 해결하기 위해 생겨난 프로젝트다. 프로젝트 계획 단계에서부터 아이들과 많은 토의 토론을 거쳐 프로젝트 이름을 정했다. 우리 반의 반 이름을 딴 오이와 우리 반 쓰레기부터 제로로 줄여 보자는 의미에서 '오이들의 제로 프로젝트'가 되었다.

⑧ 시각화 자료 만들기

프로젝트를 진행하면서 학생들의 모둠별 결과물을 수합해 계속 확인할 수 있도록 게시하기도 하고, 개인별 인식 개선 설문을 활용해 결과물로 누적하여 활용하였다.

환경 인식 개선 설문 1	환경 인식 개선 설문 2
[오이들의 제로프로젝트 마무리] **나는 얼마나 친환경적일까?** ( )학년 ( )반 번호 : ( ) 이름 : ( ) [출처 : 도서 우리학교 환경 지킴이] 1. 머리를 감을 때 어떻게 하나요? ① 샴푸는 거품이 많이 나도록 여러번 눌러 쓴다. ② 샴푸는 한번만 꾹 눌러쓴다. 2. 프라이팬의 기름은 어떻게 처리하나요? ①개수대 배수구에 버린다. ②종이나 휴지로 닦아 버린다. 3. 대기오염을 줄이려면 어떻게 하나요? ① 한 두 정거장이라도 버스를 탄다 ② 한두 정거장은 걷거나 자전거를 이용한다. 4. 연습장으로 어떤 종이를 쓰나요? ① 깔끔한 새종이만 쓴다. ② 되도록 이면지를 쓴다.	7. 갯벌 생물을 보면 어떻게 하나요? ① 신기한 갯벌 생물은 모두 잡아 간다. ② 작은 조개나 어린 생물은 잡지 않는다. 8. 지하철에서 휴대전화는 어떻게 하나요? ① 벨 소리로 놔두고 자유롭게 통화한다. ② 진동으로 바꾸고 되도록 통화하지 않는다. 9. 제로프로젝트를 마치며 새롭게 알게된 점, 느낀점, 더 공부하고 싶은 점은 무엇인지 써보세요. [ ] 10. 제로프로젝트를 통해서 나에게 일어난 변화가 있다면 써봅시다. [ ]
모둠 활동 결과물 - 보드게임 예시	모둠 활동 결과물 - 환경 포스터 예시
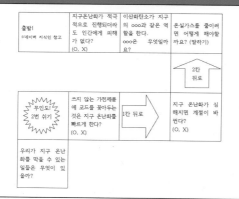	

[블록 쌓기: 설계하기]

프로젝트 수업 계획하기 8단계	블록 쌓기 TIP
① 굳이 프로젝트 수업을 해야 하는 이유 찾기	1) 필환경 시대, 우리 반에서 생겨난 문제를 교과 상황과 성취기준과 엮어서 해결하기 위해서 2) 학생들에게 주도권을 더 주어 자기 주도성을 발휘하는 프로젝트를 수행해 보는 경험

② 방법 정하기 (교과 중심 VS 주제 중심)	주제 중심 프로젝트로 국어의 성취 기준을 많이 가져왔지만 학생들이 모둠별로 계획하고 해결하는 시간은 도덕, 사회, 창체 시간을 융통적으로 활용함.
③ 중심 교과 정하기 + 성취 기준 분석	중심 교과는 국어 교과이지만 주제 중심 프로젝트인 만큼 생태전환에 해당하는 1개의 중요 주제에 사회, 도덕, 미술, 창체 등 다양한 성취 기준을 가져옴.
④ 활동 브레인스토밍 (모둠별 브레인스토밍)	**[방법 1] 중심 교과의 차시 내용별 폴더 만들기** 1. 교과서 차시 내용별로 폴더를 하나씩 만들기 2. 인터넷의 여러 자료를 훑어보며 자료 다운로드 3. 다운로드한 교육 자료를 하나씩 정독 및 재구성
⑤ 핵심 활동 및 루틴 정하기	1) 우리 반 쓰레기통 사진으로 문제 제기하기 2) 이 문제를 해결하기 위한 기본 배경지식 쌓기 3) 그림책을 읽으며 이어질 장면 상상하기 4) 환경을 위해 우리가 지켜야 할 규칙 다짐하기 5) PBL프로젝트 카드를 활용해 모둠별 계획하기 6) 환경 체험 부스 만들기 7) 환경 부스 체험하기 8) 소감 나누기
⑥ 한 장 정리	142쪽 오이들의 제로 프로젝트 한 장 정리표 참고
⑦ 마중그림 (이름, 표지) 만들기	오이들의 제로 프로젝트

⑧ 결과물

환경 퀴즈 풀기	이어질 장면 그리기	환경보호 포스터	환경 인식 개선 설문

1부

2부

3부

3. 5~6학년군 프로젝트 수업

(2) 실천하기

① 도입 활동 – 일상생활 속 사진을 활용하여 문제 제기하기

이 프로젝트는 분리수거가 제대로 되지 않고 쓰레기가 넘쳐흐르는 우리 반 분리수거함이 찍힌 '사진 한 장'으로부터 시작되었다. 아이들이 다 하교하고 난 뒤 혼자 남아 방과 후에 넘쳐흐르는 쓰레기통을 보면서 많은 생각이 들었다. 함께 이 모습을 본다면 아이들은 무엇이라고 생각할까? 그런 나의 고민에서 수업에 우리 반 쓰레기통 사진을 가져왔다. 아이들은 내 생각보다 더 충격을 받은 모습이었다. 쓰레기통에 쓰레기들이 이렇게 많이 섞여 있을 줄 몰랐다며 놀랐다. 당시에는 줌으로 원격 수업을 병행했기 때문에 지저분한 모습에 더 놀랐던 것 같다.

학교에 매일 오지 않지만 쓰레기는 계속 쌓인다. 우리 반에도 이렇게 많은 쓰레기가 쌓이는데 지구에는? 지구를 많은 생물과 공유해서 쓰는 입장에서 우리의 행동을 한 번 돌아볼 필요가 있었다. 아이들은 이것이 누구의 책임인지, 우리가 어떤 노력을 해서 이런 상황을 해결할 수 있을지 논의하며 우리가 지킬 수 있는 규칙 3가지를 토의를 통해 정했다. 함께 만든 규칙은 교사가 강제한 규칙보다 더 잘 지켜진다.

② 전개 활동 – 그림책 읽고 이어질 장면 상상해서 그리기, 모둠별 체험 부스 계획하고 실행하기

그리고 이런 문제를 우리의 삶으로 좀 더 넓혀서 살펴봤다. 우리 생활에 편리함을 주는 많은 단체가 있다. 하지만 편리함만 줄까? 배달을 편리하게 해 주는 업체들, 많은 택배를 하루 아침에 보내 주는 서비스 등 우리는 그 업체들을 파헤치기 시작했다. 각 단체가 하고 있는 일들의 장단점을 파악하면서 여기서 발생하는 환경 문제를 찾아냈다. 그리고 이런 문제를 해결하기 위한 해결 방법을 단체의 측면에서, 개인의 측면에서 나눠서 살펴봤다. 개인과 기업의 입장을 모두 살펴보며 생각을 넓힐 수 있는 기회였다.

다음으로 그림책 《그러던 어느 날》과 《내 친구 지구》을 읽었다. 《그러던 어느 날》은 글이 없고 그림만 있는 그림책이다. 그림을 보고 글의 내용을 상상하며 읽고 이야기를 나눴다. 《내 친구 지구》는 지구를 의인화하여 친구처럼 표현한 그림책이다. 그림책을 읽고 8절 도화지를 대문 접기하여 대문의 그림과 그 안에 이어질 그림을 상상해서 표현했다. 그림책은 학생이 상상의 나래를 펼칠 수 있는 좋은 학습 도구가 된다.

이렇게 환경에 대한 배경지식을 쌓고 상상의 나래를 펼친 뒤에는 모둠을 나눠 프로젝트를 전개한다. 4~5인으로 모둠을 구성한다. 한 모둠에서는 1가지 주제에 대해 정한다. 'PBL 프로젝트 카드를 활용해 어떻게 문제를 조사하고, 어떻게 표현해서 다른 사람들에게 알릴 수 있을까?'를 토의한다. 토의한 내용을 바탕으로 계획서를 만들고 실행했다. 이때 교사는 실현 가능성, 주제 적합성, 모둠 내 적절한 역할 분배를 중심으로 피드백한다.

③ 정리 활동 – 갤러리 워크를 통해 상호 아이디어 공유하기

학생들은 계획서를 바탕으로 모둠 활동을 진행한다. 어떤 모둠은 포스터로 환경 오염 문제에 대해 설명하고, 친구들이 생각할 수 있는 질문을 하기로 한다. 어떤 모둠은 보드게임처럼 퀴즈를 넣어 환경 오염에 대해 재밌게 접근하기도 한다. 이렇게 준비가 끝나면 다음의 활동으로 갤러리 워크를 진행한다. 설명하는 인원 2명, 다른 모둠에서 설명에 대해 참여하는 인원 2명. 이후 시간이 되면 역할을 바꾸어 다시 진행했다. 체험을 다 한 뒤에는 교사가 준비한 환경 퀴즈와 환경 인식 개선 설문을 통해 학생들이 환경에 얼마나 많이 관심을 갖게 되었는지, 인식이 어떻게 변화하였는지 등을 확인했다.

[블록 돌아보기: 성찰과 성장]

'오이들의 제로 프로젝트'는 학생들이 주도적으로 참여했던 프로젝트다. 이 책을 읽고 있는 선생님들도 모둠 활동을 하면 교실 모습이 어떻게 바뀌는지 쉽게 상상할 수 있을 것이다. 교실에 울려 퍼지는 아이들의 말소리, 누군가는 놀면서 다른 모둠을 방해하는 모습, 모둠에 어울리지 못하고 혼자 무기력한 아이, 갈등하며 다투는 목소리 등 다양한 모둠 활동의 문제들을 포착하게 된다. 하지만 이런 부정적인 측면에만 초점을 맞춘다면 학생 주도의 프로젝트는 진행하기 어렵다. 모둠 활동을 진행하며 친구와 협력하는 모습, 친구에게 배우며 주도적으로 활동을 이끄는 리더의 모습, 자신의 의견을 스스럼없이 말하고 친구의 의견을 받아들이는 모습 등 긍정적인 모습도 많다.

그러니 학생 주도의 모둠 활동을 망설이고 있다면 한 번쯤 도전해 보았으면 좋겠다. 모둠 활동은 양날의 검 같은 활동이다. 일장일단이 있다. 그럼에도 불구하고 고학년 프로젝트를 진행할 때 모둠 활동을 많이 진행하다 보면 학생들의 주도성과 적극성이 다른 활동에서도 발휘되는 모습을 볼 수 있다. 또 모둠 활동 속에서는 배운 내용을 더 오래 기억한다. 그러니 모둠 활동, 겁내지 말고 한 번 해 보자.

[블록 연결하기: 에듀테크 활용법]

학생들의 아이디어를 이끌어 낼 수 있는 멘티미터

고학년이 되면 아이들이 자신의 의견을 발표하는 데 있어서 다른 친구들의 눈치를 많이 본다. 이 때 온라인 사이트, 멘티미터를 활용해 친구들의 눈치를 보지 않고 자신의 의견을 제대로 낼 수 있다. 멘티미터의 사용 방법은 다음과 같다.

1. 멘티미터 메인 화면에서 Get started it's free를 클릭한다.
2. 구글, 마이크로소프트, 페이스북 등 하나의 계정으로 로그인한다.
3. 상단에 있는 New menti를 클릭한다.
4. Edit에서 Question type을 설정한다. Ranking, scale 등 다양한 type이 있지만 보통 많이 사용하는 건 선택한 횟수가 많음에 따라 글자 크기가 달라지는 Word cloud다.
5. 질문에 어울리는 이미지(image)를 넣고 싶으면 이미지를 추가할 수도 있다. 텍스트 사이즈를 정한 뒤 Present를 클릭해 미리 확인해 볼 수 있다. (별 표시는 유료 계정 사용)
6. 우측 상단에 Share를 눌러 링크나 QR코드를 생성해 공유할 수 있다.
7. 접속자는 해당 링크로 접속해 질문에 해당하는 단어나 문장을 쓴 뒤 저장한다.
8. 최종 화면에는 학생들이 쓴 단어나 문장이 Word cloud라는 말처럼 단어 구름으로 표현된다. 이때 많이 나온 의견이나 단어는 더 크게, 덜 나온 의견은 작게 표시된다.

4) 내 손으로 메이커 프로젝트

"혼자 만들다 혼자 끝난다고? 함께 만들고 함께 나누는 프로젝트의 의미는?"

(1) 계획하기

① 굳이 프로젝트 수업을 해야 하는 이유 찾기

실과는 삶과 밀접한 관련이 있다. 가령 밭에서 토마토를 심고 관찰하는 것, 곁순 따기와 가지치기를 실제로 경험하는 게 실과에서 배우는 것들이다. 우리 실제 삶의 맥락과 굉장히 밀접한 관련이 있으면서도 실용적이다. 그렇다면 이런 사실적 경험을 풍부하게 하면서 경험한 결과물을 학교에 있는 많은 사람과 나눌 수 있는 방법이 없을까? 내 손으로 만든 것을 누군가와 가치 있게 활용할 수 없을까? 고민했다. 그리고 그 결과가 내 손으로 메이커 프로젝트에 반영되었다. 프로젝트가 내 삶에 살아 있는 의미로 다가오려면 단순히 '혼자' 경험하는 것에서 끝나면 안 된다고 생각했다. '혼자'한 것도 '다른 여러 사람'과 함께 나눌 수 있다면 그 의미와 가치는 배가 된다.

② 방법 정하기 (교과 중심 프로젝트 수업)

이 프로젝트는 실과 전담 교사로서 진행한 프로젝트로 교과 중심 프로젝트다. 실과의 주요 성취 기준을 가지고 교과서의 내용과 활동을 적절히 배합하였다. 언뜻 보면 프로젝트라기보다 내 교실에서 진행하는 수업을 하나로 엮은 것 같다는 느낌을 가질 수 있다. 하지만 앞에서도 이야기했듯이 이 프로젝트 수업을 굳이 해야 하는 이유는 우리가 삶과 관련된 유용한 지식을 배워 내 주변의 '누군가'와 나눈다는 데 있다.

③ 중심 교과 정하기 + 성취 기준 분석하기

이 과목의 중심 교과는 '실과'가 된다. 하지만 실과 과목을 배운다고 단일한 실과 내용만 들어가는 것은 아니다. 어떤 부분에 초점을 맞추느냐에 따라 다양한 교과를 융합할 수 있다.

성취 기준	가르칠 내용	가르칠 방법	수업 방법
6실 02-05	바느질의 기초를	익혀	실습
	간단한 수선에	활용한다.	
6실 02-06	간단한 생활 소품을 창의적으로	제작하여	실습
		활용한다.	
6실 05-03	생활 속에서 적용된 발명과 문제 해결의 사례를 통해 발명의 의미와 중요성을	이해한다.	강의
6실 05-04	다양한 재료를	활용하여	실습
	창의적인 제품을 구상하고	제작한다.	
6사 06-01	다양한 경제 활동 사례를 통해 가계와 기업의 경제적 역할을	파악하고	탐구 학습
	가계와 기업의 합리적 선택 방법을	탐색한다.	
6사 06-02	여러 경제 활동의 사례를 통하여 자유 경쟁과 경제 정의의 조화를 추구하는 우리나라 경제 체제의 특징을	설명한다.	설명

[5~6학년군 성취 기준 분석표 (2015 개정 교육과정 기준)]

④ 활동 브레인스토밍

이 프로젝트를 진행하기 전 중요하게 생각한 것은 만든 것을 누구와 어떻게 나눌 것인가?였다. 바느질을 하기 전 기초 생활 소품을 만들 때 예쁘기도 하고 실용성도 좋은 '양말목'을 활용하기로 했다. 양말목은 만드는 방법도 간단하고 다양한 결과물을 만들 수 있기 때문에 활용도가 높다. 또 만든 생활 소품을 학교 장터에서 판매하거나 만드는 법을 알려 주며 활동하기 편리하다.

바느질의 기초를 익혀 생활 소품을 만든다면 무엇이 좋을까 고민하다가 무언가를 담을 수 있는 '미니 손가방'이 딱 떠올랐다. 요즘에는 스마트폰같이 작은 물건들을 많이 가지고 다니기 때문이다. 또 손가방은 내 주변의 사람들에게 선물할 수도 있기 때문에 활용도가 높았다.

보드게임은 초등학교에서 쉬는 시간에 많이 활용되는 놀이 도구다. 이런 보드게임을 내 손으로 만들 수 있다면 어떨까? 자신의 아이디어를 탐색해서 새로운 보드게임을 만드는 과정에서 아이디어 연상 기법을 배우고 만든 것을 다른 학년 학생들과 같이 활용할 수 있다면 1석 2조였다. 이런 아이디어를 바탕으로 세부 활동을 계획했다.

⑤ 핵심 활동 및 루틴 정하기

내 손으로 메이커 프로젝트		교과 중심
(1) 양말목 공예품 만들기	(2) 미니 손가방 만들기	(3) 친환경 보드게임 만들기
<동> 우리 실생활에서 살펴볼 수 있는 공예품 영상 시청하기	**<동>** 손바느질의 유용성에 대해 토의하기	**<동>** 친환경 의식 설문조사
<1> 양말목 탐색하고 색깔 고르기	**<1>** 기초적인 손바느질 방법에 대해 교구를 활용해 익히기	**<1>** 재활용품을 탐색하고 아이디어를 모아 어떤 보드게임을 만들지 계획하기
<2> 양말목을 활용해서 만들 수 있는 공예품 영상 시청하기	**<2>** 시침질, 홈질, 박음질과 같은 중요 바느질 방법 익히기	**<2>** 재활용품을 활용해 친환경 보드게임 만들기
<3> 양말목을 활용해 직접 공예품 제작하기	**<3>** 미니 손가방 재료를 가지고 홈질, 박음질, 끈 달기 진행하기	**<3>** 보드게임을 잘 활용할 수 있도록 설명서와 타이틀 만들고 전시하기
<정> 제작한 양말목을 실제 녹색 장터에서 판매하고 소감 나누기	**<정>** 손바느질로 제작한 미니 손가방에 작은 선물을 담아 가족에게 선물하기	**<정>** 복도에 전시하여 5, 6학년 학생들이 쉬는 시간이나 점심시간에 직접 경험해볼 수 있게 하기

⑥ 한 장 정리

차시	과목	활동 계획	세부 배움 내용
1차시	실과	동기 유발 – 친환경 골든벨	▶ 환경에 대한 인식을 재고하고, 메이커 프로젝트를 왜 해야하는지 필요성 이야기하기
2차시	실과	실생활 속 공예품 살펴보기 편물, 직물에 대해 학습하기	▶ 손으로 만드는 다양한 공예품 영상 시청 ▶ 양말목으로 만들 수 있는 다양한 공예품 살펴보기
3-4차시	실과	양말목을 활용한 공예품 제작	▶ 양말목 공예품 만들기 (꽃키링 만들기) *학생의 능력에 따라 차시 시간 조정 가능
5-6차시	실과	양말목을 활용한 공예품 제작하기	▶ 양말목 공예품 만들기 (팔찌 만들기) *학생의 능력에 따라 차시 시간 조정 가능
7차시	실과	손바느질의 유용성 및 기초 손바느질 방법 익히기	▶ 손바느질의 유용성 토의하고 기초 손바느질 방법 익히기
8차시	실과	교구를 활용한 바느질 연습	▶ 바느질 교구를 사용하여 박음질, 홈질, 매듭짓기 연습하기
9-10차시	실과	실, 바늘, 학습지를 활용한 바느질 연습	▶ 실, 바늘, 바느질 학습지를 활용하여 바느질 연습하기

11-14차시	실과	미니 손가방 만들기	▶ 미니 손가방 만들기 키트를 활용하여 미니 손가방 만들기
15차시	실과	친환경 인식 설문조사	▶ 환경에 내가 미치는 영향 설문을 통해 확인하기
16-17차시	실과	보드게임 계획하기	▶ 보드게임 계획서 작성하기
18-20차시	실과	보드게임 만들고 설명서 쓰기	▶ 재활용품 재료를 사용해 보드게임 만들기 ▶ 보드게임 설명서 만들고 쉬는 시간을 활용해 복도에 전시하기

[내 손으로 메이커 프로젝트 한 장 정리표]

⑦ 마중그림 (이름, 표지) 만들기

이 프로젝트의 핵심 키워드는 '손'이다. 다른 사람의 손을 빌리지 않은 나만의 '무언가'를 만드는 것이 이 프로젝트의 핵심이었다. 따라서 이 프로젝트의 제목은 학생들이 '직접' '내 손으로' 무언가를 만들고 그 과정을 의미 있게 배워 나간다는 의미로 "내 손으로 메이커 프로젝트"라고 이름 지었다.

⑧ 시각화 자료 만들기

가. 양말목 공예

양말목을 활용하여 공예품을 만들 때는 1인 1공예품 만들기를 중요한 원칙으로 생각했다. 만드는 방법이 간단한 꽃 키링을 먼저 하고 팔찌 만들기를 했다. 남은 양말목으로 쉬는 시간이나 점심시간을 활용해 원하는 것을 추가로 만들기도 했다. 녹색 장터 당일에는 학생들이 직접 체험할 수 있는 코너도 만들어 양말목 공예 체험을 진행하였다.

나. 미니 손가방 만들기

미니 손가방 만들기는 3단계로 나눠서 진행했다. 바느질에 익숙해지기 – 실제 실과 바늘 사용해 박음질, 홈질, 매듭짓기 연습 – 손가방 만들기다.

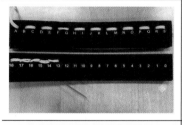		
바느질 키트로 연습하기	바느질 연습하기	손가방 만들기

다. 친환경 보드게임 만들기

재활용품을 활용해 만든 친환경 보드게임은 5~6학년이 다니는 중간 통로에 책상을 두어 설치했다. 여기서 중요하게 추가로 만든 것은 안내판이었다. 6학년이 5학년 및 다른 친구들을 위해 보드게임을 만들고 전시하여 놀 수 있게 한 만큼 물건을 소중히 여기고 잘 다루는 것도 중점적으로 지도하기 위해서였다.

6학년 내 손으로 프로젝트
재활용품 보드게임 만들기 주의사항
1. 놀때 망가지지 않도록 조심
2. 독점X 함께 도란도란 즐기기
3. 제자리에 정리하기
4. 통행시 주의 (복도에서 걷기)

[블록 쌓기: 설계하기]

프로젝트 수업 계획하기 8단계	블록 쌓기 TIP
① 굳이 프로젝트 수업을 해야 하는 이유 찾기	1) 내 손으로 '직접' 만드는 노작 활동의 즐거움 2) 내 손으로 만든 것을 다른 사람과 함께 나누면서 '나눔의 가치' 일깨우기
② 방법 정하기 (교과 중심 VS 주제 중심)	교과 중심 프로젝트로 실과 성취 기준을 바탕으로 학생들이 '내 손으로' 직접 만들 수 있는 분야를 묶어서 수업을 진행할 수 있다.
③ 중심 교과 정하기 + 성취 기준 분석	실과 교과를 중심 교과로 하되, 학생들이 직접 실습할 수 있는 기회를 충분히 제공하고 만든 것을 다른 사람과 나눌 수 있는 기회를 제공하기
④ 활동 브레인스토밍	[방법 2] 프로젝트 수업 기획안 작성하기 1. 프로젝트 주제와 관련된 하고 싶은 활동 적기 2. 다른 교과의 교육과정에서 (1)에서 떠올린 활동들을 적용할 수 있는 단원, 차시 찾기 3. 기획안 작성하기
⑤ 핵심 활동 및 루틴 정하기	1) 내 손으로 만들 수 있는 3가지의 결과물 선정 2) 양말목 공예, 미니 손가방 만들기, 재활용품을 활용한 보드게임 만들기를 어떤 단계로 나누어 활동할지 계획 3) 주된 활동 루틴으로는 학생들이 다음의 활동을 왜 해야 하는지에 대한 동기 유발을 진행하고 쉬운 방법부터 어려운 방법까지 실제 경험하면서 결과물을 완성하고 다음의 결과물을 학교 또는 가정의 다른 사람과 나누는 활동을 진행 4) 활동 소감 나누기
⑥ 한 장 정리	151쪽 내 손으로 메이커 프로젝트 한 장 정리표 참고
⑦ 마중그림 (이름, 표지) 만들기	

⑧ 결과물

| 양말목 공예 | 손가방 만들기 | 재활용 보드게임 만들기 |

(2) 실천하기

① 도입 활동 – 내 손으로 만드는 일의 힘

내 손으로 메이커 프로젝트의 주된 도입 활동은 학생들의 '인식 개선'과 '동기 유발'이었다. 우리는 이미 필요한 물건이 있으면 손가락 클릭 한 번으로 완제품을 받을 수 있는 시대에 살고 있기 때문이다. 이런 시대에서 굳이 손바느질, 굳이 양말목 공예를 배워야 할 필요성을 느끼지 못하는 학생들이 많았다. 예전에 6·25전쟁 때만 하더라도 내 옷이 구멍 나면 내 손으로 직접 꿰매어 입어야 했지만, 지금은 그것보다 훨씬 풍요 속에 살고 있기 때문이다. 그래서 이 프로젝트를 시작하기 전 환경과 관련하여 현재 인간의 생활 모습과 행동이 자연에 어떤 영향을 끼치는지 퀴즈를 풀었다.

그다음 각각의 활동 모습에 대해 간단히 설명해 주며 이 활동을 했을 때 내가 얻을 수 있는 장점, 이점이 무엇인지 생각하도록 했다. 학생들이 '내 손으로' 직접 무언가를 만들고 그것을 내 삶의 기술로 익혔을 때 어떤 '이점'을 가질 수 있는지, 그리고 그것을 다른 사람과 나누었을 때 어떤 효능감이 있을지 생각해 보게 하는 것이 이 프로젝트 도입의 핵심 활동이다.

② 전개 활동 – 양말목 공예품 만들기, 손가방 만들기, 재활용품 장난감 만들기

활동의 필요성을 익힌 뒤에는 주된 활동 루틴으로 '실습'이 이루어졌다. 실습을 할 때에는 처음부터 재료를 가지고 만드는 것이 아니라, 쉬운 재료들을 활용해 익숙해질 수 있도록 연습하면서 활동을 심화시켜 나갔다.

가. 양말목 공예품 만들기

양말목은 구하기 쉽고 만들기 쉬워 다양한 학년에서 활용하는 재료 중 하나이다. 상대적으로 만들기 쉬운 양말목 꽃 키링을 만든다. 그다음 상대적으로 어려운 양말목 팔찌를 만든다. 학생에 따라 빨리 만드는 경우가 있다면 더 만들 수 있도록 여유분을 준비해 두고 활용한다.

나. 손가방 만들기

손바느질로 미니 가방을 만들 때는 다음의 단계로 활동을 심화시켜 진행했다. 이때 바로 바느질부터 하면 어려울 수 있으니 크게 3가지 단계로 나누어 진행했다. 먼저, 손바느질을 연습할 수 있는 키트를 활용해 박음질과 홈질을 연습했다. 그다음 실제 실과 바늘을 활용해 종이 학습지에 연습했다. 손바느질은 키트를 활용한 것보다 어렵기 때문에 충분히 연습할 시간이 필요하다. 이때는 매듭짓기도 함께 반복해서 연습해야 실제 손가방을 만들 때 유용하다. 최종적으로 실제 손가방 키트 만들기를 활용해 홈질과 박음질, 매듭짓기를 사용하여 손가방을 만들어 본다. 비슷하지만 다른 재료를 활용해 쉬운 단계에서부터 어려운 단계로 나아갈 때 학생들은 '나도 할 수 있다'는 자신감을 가지고 다음 단계를 실행할 수 있게 된다.

다. 재활용 보드게임

재활용 보드게임을 만들기 위해서는 먼저 발명의 의미와 방법에 대해 배워야 한다. 발명 기법을 통해 실생활에서 만들어진 다양한 물품들에 대해 알아본다. 발명을 통해 만들어진 실생활 용품을 살펴보면서 내가 만들고 싶은 물건에 대해서 떠올리거나 계획하는 연습을 해 본다. 그다음 실제로 재활용품을 활용해 보드게임을 만든다면 어떤 것을 만들고 싶은지 구체적인 계획을 세워 본다. 이때 혼자 할 수도 있지만 4~5명씩 모둠을 만들어 아이디어를 공유할 수 있게 하면 좋다. 특히 비슷한 보드게임을 만들고 싶은 친구들끼리 모이면 좋은 아이디어가 더 많이 나온다. 또 기존에 만들어져 있는 재활용품 보드게임 자료들을 살펴보는 과정도 필요하다. 학생들의 수준 편차는 모두 달라 아이디어를 떠올리는 데 어려움을 겪는 학생들이 있기 때문이다. 이렇게 계획을 마친 뒤에는 준비물을 준비한다. 필요한 준비물을 모아 직접 보드게임을 만든다. 보드게임을 만드는 중에는 직접 보드게임을 해 보면서 보완해야 할 부분과 빼야 할 부분 등을 파악하고 문제를 해결하는 과정이 필요하다.

③ 정리 활동 – 나눔과 공유

내 손으로 메이커 프로젝트의 정리 활동의 키워드는 '나눔'이다. 내 손으로 직접 만든 물건을 다른 사람과 '공유'하는 것. 나의 기술을 누군가에게 나누는 것이 이 프로젝트의 마무리에서 하는 활동이다. 각각의 활동 마무리를 살펴보면 다음과 같다.

가. 양말목 공예

양말목 공예를 통해 양말목 키링과 팔찌를 만든 뒤에는 물건을 모아서 보관한다. 그리고 여분의 양말목도 함께 보관한다. 녹색 장터가 열렸을 때 기존에 만든 키링과 팔찌를 판매한다. 물건을 판매할 뿐 아니라 꽃 키링 만드는 방법, 팔찌 만드는 방법을 가르쳐 주는 활동도 함께 진행한다. 학생들은 자신들이 만든 물건을 직접 만들어 파는 것에 대한 뿌듯함을 느끼기도 했고, 자신들이 배운 기술을 저학년 학생들에게 알려 주며 기쁨을 느꼈다.

나. 손가방 만들기

손가방 만들기는 손가방을 완성한 뒤 내가 아끼는 사람에게 '선물하기'로 마무리했다. 이때 앞에서 설명했던 프로젝트 중 스·머·프 가족 사랑 프로젝트와 연계할 수도 있다. 부모님께 드리고 싶은 선물과 편지 등을 모아서 내가 만든 손가방에 넣어서 함께 드리는 것이다. 학교에서 많이 진행하는 친구 사랑 마니또 활동에도 접목할 수 있다. 나의 마니또에게 내가 만든 손가방에 주고 싶은 간단한 선물을 넣어 줄 수도 있다. 내가 직접 만든 물건을 내가 아끼는 사람에게 '나눠 주는 것'만큼 의미 있는 것이 또 있을까.

다. 재활용 보드게임

재활용 보드게임의 최종 목적은 다른 학년과의 '공유'다. 수업 시간에 만든 보드게임을 각 반에서 친구들과 함께 가지고 노는 시간을 충분히 가진다. 그 후, 다 만들어진 보드게임에 대해서 사용 방법을 정리하여 보드게임에 부탁할 수 있도록 한다. 사용법에 대한 설명이 있어야 게임을 할 수 있으니 보드게임 명칭도 직접 정한다. 그다음 보드게임 사용 시 주의점을 안내하는 가이드를 제작하여 게시한다. 교사는 사용 방법과 기간을 정해 선생님들과 학생들에게 안내한다. 이때 홍보 포스터를 함께 만들어 홍보할 수도 있다.

[블록 돌아보기: 성찰과 성장]

내 손으로 메이커 프로젝트를 진행하면서 가장 어려웠던 부분은 동기 유발이었다. 학생들이 이 프로젝트를 하고자 하는 동기를 '스스로' 찾아야만 이 프로젝트가 성공적으로 끝날 수 있기 때문이다. 우리는 무언가를 배워야 할 필요성을 몸소 느낄 때 그것에 더 관심을 가지고 집중해서 배울 수 있다. 따라서 학생들이 내 손으로 직접 만드는 것의 필요성, 그리고 그것을 누군가와 나눴을 때의 기쁨, 그것이 모두에게 도움이 된다는 사실을 인식시키는 데 초점을 두었다. 다행이도 결과물이 생겨나니 학생들이 각 활동에 더 집중하는 모습을 보였다.

3가지 활동 중 특히 바느질은 학생들의 인내심을 크게 요구했다. 한 번에 완성되는 것이 아니고 바느질의 여러 가지를 직접 수행해야 했기 때문이다. 이러한 과정 속에서 서로가 어려운 부분을 도와주며 해낼 수 있는 부분들이 있었다. 그리고 그것을 해냈을 때 뿌듯함을 느끼는 학생들도 많았다. 따라서 학생들이 어려움을 느끼고 잘 되지 않더라도 계속 격려하면서 학생들이 스스로 어려움을 해결할 수 있도록 격려하는 것이 필요하다. 막히는 문제나 어려움이 있다면 더 잘 해결할 수 있도록 가이드 질문을 던지는 것도 필요하다. 또 한 번에 잘 되지 않더라도, 스스로 못한다고 자책할 때도 그 학생을 믿고 기다려 주는 교사의 인내심도 필요하다.

이 프로젝트에서 특히 인상 깊었던 장면이 있다. 다 만든 양말목을 팔면서 동시에 체험 부스를 운영했다. 녹색 장터에서 자신이 만든 물건을 파는 것에서 나아가 직접 만드는 방법을 저학년 학생들에게 알려 주면서 체험을 한 친구는 이렇게 말했다. "제가 만들 때 힘들었는데 이렇게 배운 것을 다른 누군가에게 알려줄 수 있다는 게 참 보람된 것 같아요."라고 이 한 마디로 프로젝트의 고됨을 한 번에 씻을 수 있었다.

[블록 연결하기: 에듀테크 활용법]

수업에 빠진 학생들도 패들렛에 한 번에

'내 손으로 메이커 프로젝트'를 진행할 때 학생들이 직접 손으로 하는 노작 활동이 많았다. 그런데 전담 수업을 하다 보면 어려운 점이 학생들이 빠지거나 안 나왔을 때 학교에서 수업한 내용을 실시간으로 피드백해 주거나 확인해 주기 어렵다는 점이다.

이때 패들렛을 활용하면 편하다. 패들렛에는 여러 가지 형식이 있는데, 그중에서도 담벼락은 여러 부분에서 쉽게 사용할 수 있는 형식이다. 반별로 1반부터 4반까지 탭을 만든 뒤 빠진 학생들이 과제를 사진 또는 영상으로 업로드해 제출할 수 있다.

사용 방법은 다음과 같다.

1. 패들렛에 담벼락을 만든다. 설정에서 제목 및 내용을 추가한다.

2. 교사가 미리 +버튼을 클릭해 반별로 4개의 탭을 만들고 학생에게 링크를 공유한다.

3. 학생은 해당 반 탭에 +버튼을 추가해 활동 사진 또는 영상을 제출한다.

4. 교사는 댓글 기능을 통해 학생이 한 활동에 대해 피드백을 해 줄 수 있다.

5) 걸어서 세계 속으로 프로젝트

"여러 교과에서 반복되는 세계 문화, 한 바구니에 담는다면?"

(1) 계획하기

① 굳이 프로젝트 수업을 해야 하는 이유 찾기

내가 6학년 학생들과 걸어서 세계 속으로 프로젝트를 하게 된 이유는 딱 2가지다. 첫째, 여러 교과목에서 반복되는 비슷한 내용(세계 문화)을 통합하여 가르치기 위함이다. 6학년 사회 2학기 한 단원에서는 '지구촌 평화와 발전을 위해 사람들은 어떤 노력을 할까요?'라는 내용을 배운다. 그리고 도덕에서도 '지구촌의 어려움을 해결하려고 애쓰는 분들이 있어요'라는 내용을 중복으로 배운다. 이렇게 비슷한 내용을 사회 교과, 도덕 교과로 나눠서 배우는 것보다 통합하여 심도 있게 배우는 것이 더 필요하다고 느꼈기 때문이다. 둘째, '세계'를 보다 직·간접적으로 깊이 있게 학습하기 위함이다. '세계'라는 주제 자체는 학생들이 흥미를 갖는 주제 중 하나이다. 하지만 교과서의 내용만으로 많은 지식을 가르치는 데는 한계가 있기 때문이다. 사회 과목을 가르쳤을 때 교사가 알고 있는 내용을 무작정 많이 전달한다고 해서 학생들이 그 내용을 잘 받아들이는 것은 아니다. 따라서 학생들의 관심을 유지하면서 깊이 있게 학습하기 위해 학생들이 관심 있어 하는 부분을 중심으로 프로젝트를 진행할 필요가 있다.

② 방법 정하기 (교과 중심 프로젝트 수업)

걸어서 세계 속으로 프로젝트는 교과 중심 프로젝트다. 사회라는 중심 교과가 존재하고 나머지 도덕, 국어, 미술 등의 교과가 보조적인 역할을 한다. 이를 통해 사회를 보다 심층적으로 학습할 수 있으면서 다른 교과의 중요 성취 기준을 통해 다양한 활동을 체험할 수 있다. 또한, 성취 기준을 학습하는 데 있어 시간에 쫓기지 않고 심층적인 학습이 가능하다.

		걸어서 세계 속으로 프로젝트
교과 중심 프로젝트	중심 교과	● 사회 6-2-1. 자연 환경과 인간 생활
	뒷받침 교과	● 국어 6-2-4. 매체를 활용하여 발표하기 ● 도덕 6-2-6. 함께 살아가는 지구촌 ● 미술 6-2-5. 다양한 감상 방법 알고 활용하기

③ 중심 교과 정하기 + 성취 기준 분석하기

성취 기준	가르칠 내용	가르칠 방법	수업 방법
6사07-01	세계지도, 지구본을 비롯한 다양한 형태의 공간 자료에 대한 기초적인 내용과 활용 방법을	**알고**	강의
	이를 **실제 생활**에	**활용**한다.	
6사07-02	여러 시각 및 공간 자료를 활용하여 **세계 주요 대륙과 대양의 위치 및 범위, 대륙별 주요 나라의 위치와 영토의 특징**을	**탐색**한다.	탐구 학습
6사07-03	**세계 주요 기후 분포와 특성**을	**파악**하고	탐구 학습
	이를 바탕으로 하여 **기후 환경과 인간 생활 간의 관계**를	**탐색**한다.	
6사07-04	**의식주 생활에 특색이 있는 나라나 지역의 사례**를	**조사**하고	조사 학습
	이를 바탕으로 하여 **인간 생활에 영향을 미치는 여러 자연적, 인문적 요인**을	**탐구**한다.	탐구 학습
6사07-05	**우리나라와 관계 깊은 나라들의 기초적인 지리 정보**를	**조사**하고	조사 학습
	정치 경제 문화면에서 맺고 있는 **상호 의존 관계**를	**탐구**한다.	탐구 학습
6사07-06	**이웃 나라들**(중국, 일본, 러시아)**의 자연적, 인문적 특성과 교류 현황**을	**조사**하고	조사 학습
	이를 바탕으로 하여 **상호 이해와 협력의 태도**를	**기른다.**	
6사08-03	**지구촌의 평화와 발전**을 위협하는 다양한 **갈등 사례**를	**조사**하고	
	그 **해결 방안**을	**탐색**한다.	
6사08-04	**지구촌의 발전을 위해 노력하는 다양한 행위 주체**(개인, 국가, 국제기구, 비정부기구 등)**의 활동 사례**를	**조사**한다.	

[5~6학년군 성취 기준 분석표 (2015 개정 교육과정 기준)]

④ 활동 브레인스토밍

내가 이 월드 프로젝트를 기획하면서 가장 중심에 두었던 질문이 학생들이 세계에 대해 보다 더 큰 관심을 갖게 하는 것이었다. 내용적인 측면뿐 아니라 학생들의 호기심을 유지하면서 흥미를 잃지 않을 수 있는 활동을 생각하려고 했다. 그랬더니 세계 여러 나라의 특산물, 유명한 것을 직접 체험해 보는 부스 활동이 떠올랐다. 혼자서 하는 활동보다 친구들과 이야기를 하면서 아이디어를 떠올리고 모으는 것을 좋아하는 우리 반의 특성을 활용하여 모둠별로 다양한 협력 활동을 할 수 있도록 계획하였다. 이때 그 기록을 누적하기 위해 5절 스케치북과 4절 스케치북을 활용했다. 스케치북으로 기록을 누적했을 때의 장점은 두 가지다. 첫 번째, 포트폴리오로 작업이 누적된다. 두 번째, 전시를 통해 오랫동안 학습 결과를 감상할 수 있다. 더 큰 재료가 필요할 때는 세울 수 있는 3M 포스트잇을 활용했다.

⑤ 핵심 활동 및 루틴 정하기

걸어서 세계 속으로 프로젝트		교과 중심
도입	주된 활동 루틴	마무리
<동> 내가 어른이 되면 가고 싶은 첫 여행지는?	1. 여행지에 대한 구체적인 소개 자료 만들기 2. 여행지 소개 자료 발표하기 (소개 내용 글쓰기) 3. 여행지 체험 부스 계획하기 (활동과 준비물 계획) 4. 체험 부스 만들고 체험하기 (나라별 부스 체험하기)	<결과물> 여행지 소개 자료 및 체험 여권 < 활동 > 1. 여행지 부스 체험하기 2. 활동하고 소감이나 경험 쓰기
<1> 여행지 표시하고 설명하기		
<2> 자연환경, 인문 환경, 사회 환경 등 세계 여러 나라 탐구하기		
<3> 배운 내용을 기반으로 골든벨 퀴즈 맞추기		
<정> 여행지 선택하고 자료 조사하기		

⑥ 한 장 정리

차시	과목	활동 계획	세부 배움 내용
1차시	사회	1. 프로젝트 도입 Q. 내가 20세가 되면 가고 싶은 여행지는? 2. 지도를 보며 대륙과 대양의 위치와 영역 확인하기	·패들렛 세계지도 템플릿에 가고 싶은 여행지 표시하고 발표하기
2-3차시	사회	세계 여러 나라의 자연환경, 인문 환경, 사회 환경 탐구하기	·내가 선택한 나라의 자연환경, 인문 환경, 사회 환경을 조사하고 내용을 찾아 정리하기
4차시	사회	레벨업 골든벨 규칙 설명 레벨업 골든벨 참여하기	·세계 지리 관련하여 배운 내용 복습하기 ·골든벨 퀴즈를 풀며 아는 것과 모르는 것 구분하기
5차시	국어	세계에서 일어나는 다양한 문제에 관심 갖고 문제가 일어나는 원인에 대해 추론하기	·세계 여러 나라의 문제에 대해 쓴 신문 글 읽기 ·난민, 빈곤 등 문제가 생기는 까닭에 대해 자신의 생각 쓰기

6-8차시	국어	여행지 선택하고 발표 자료 만드는 법 배우기	· 미리캔버스, 캔바 등을 활용하여 설명 포스터, 피피티 만드는 방법 배우기
9차시	국어	효과적인 발표 자료를 활용해서 발표하기	· 여행지에 대한 발표 자료를 바탕으로 내가 선택한 나라 소개하기
10-14차시	사회	1. 여행지에서 체험해 보고 싶은 활동을 계획하여 체험 부스 준비하기 2. 부스 체험하기	· 여행 부스 계획하기 · 여행 부스 준비하기 · 여행 부스 운영/체험하기
15차시	국어	여행 부스 체험 후 글쓰기	· 체험 후 소감문 작성하기

[걸어서 세계 속으로 프로젝트 한 장 정리표]

⑦ 마중그림 (이름, 표지) 만들기

6학년 2학기 세계의 여러 나라를 학습하기 위해서 대륙과 대양 등 지리적인 인식을 먼저 배운다. 그 후 세계 여러 나라가 우리나라와 맺고 있는 경제적인 교류 등을 배운다. 지역의 위치상 어느 나라와 더 많은 교류가 이루어지는지, 어떤 정치적 경제적 상호 의존 관계가 존재하는지 배운다. 그다음 의식주 생활에 특색이 있는 여러 나라의 사례를 조사하고 이를 바탕으로 인문적, 자연적 요인을 탐구하게 된다. 그리고 그와 관련하여 적절한 매체를 활용하여 발표하고 학생들과 각 나라의 문화를 체험해 보는 활동을 진행하게 된다. 이러한 다양한 세계의 문화 현상을 학습하는 만큼 이 프로젝트의 이름은 걸어서 세계 속으로 프로젝트라 이름 지었다.

⑧ 시각화 자료 만들기

이 프로젝트의 결과물은 모둠 포트폴리오로 누적된다. 특별한 학습지를 만들어서 학생들이 시각화할 수 있게 활용할 수도 있지만, 그런 방법이 어렵다면 모둠 활동을 통해 이룬 성취를 스케치북을 활용해 포트폴리오화할 수 있다.

패들렛	나라 소개 포스터

포스터 제작 시 주의 점	세계 여러 나라의 문제와 내 생각 쓰기
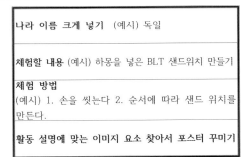	

[블록 쌓기: 설계하기]

프로젝트 수업 계획하기 8단계	블록 쌓기 TIP
① 굳이 프로젝트 수업을 해야 하는 이유 찾기	1) 여러 교과에서 반복되는 내용을 성취 기준 중심으로 통합하여 가르치고 싶을 때 2) 세계에 대해 직·간접적으로 체험하며 깊이 있고 재미있게 수업하고 싶을 때
② 방법 정하기(교과 중심 VS 주제 중심)	교과 중심 프로젝트로 사회의 성취 기준을 중심으로 하되 미술, 국어, 도덕과 같이 중복되는 성취 기준에 대해 사회 시간에 통합하여 가르침.
③ 중심 교과 정하기 + 성취 기준 분석	1) 가르칠 내용 – 세계의 지리적 위치 및 자연환경, 인문 환경, 사회 환경과 그 관계 중심 2) 가르칠 방법 – 강의, 조사, 탐구 학습

④ 활동 브레인스토밍	**[방법 2]** 프로젝트 수업 기획안 작성하기 1. 프로젝트 주제와 관련된 하고 싶은 활동 적기 2. 다른 교과의 교육과정에서 (1)에서 떠올린 활동들 적기 3. 모둠별로 기획안 작성하기
⑤ 핵심 활동 및 루틴 정하기	1) 도입 활동 – 내가 가 보고 싶은 여행지는? 2) 주된 활동 루틴 – 체험 부스 계획하고 만들기 3) 정리 활동 – 글쓰기, 결과물 전시하기
⑥ 한 장 정리	161쪽 걸어서 세계 속으로 한 장 정리표 참고
⑦ 마중그림 (이름, 표지) 만들기	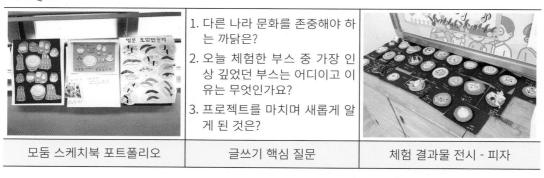

⑧ 결과물

	1. 다른 나라 문화를 존중해야 하는 까닭은? 2. 오늘 체험한 부스 중 가장 인상 깊었던 부스는 어디이고 이유는 무엇인가요? 3. 프로젝트를 마치며 새롭게 알게 된 것은?	
모둠 스케치북 포트폴리오	글쓰기 핵심 질문	체험 결과물 전시 - 피자

(2) 실천하기

① 도입 활동 – 내가 가고 싶은 여행지 찾아보기

도입 활동을 시작할 때 다음과 같은 질문을 던진다. '내가 그동안 가본 여행지 중에 좋았던 나라는?' 그리고 이어서 '내가 어른이 되면 가고 싶은 여행지는?'이라는 질문을 던진다. 학생들의 발표를 바탕으로 실물 세계지도를 활용하여 나라를 직접 보며 확인해 본다. 에듀테크 도구 중 하나인 패들렛을 활용해 내가 가고 싶은 나라의 위치를 탐색해 본다. 나라를 정한 뒤에는 그 나라에 대해 궁금한 점, 알고 싶은 점 등을 떠올리면 자료를 조사해 정리한다.

세계지도를 활용해 대륙, 대양, 해양 구분하고 내용 확인하기	패들렛을 활용해 내가 가고 싶은 지역의 위치 표시하기

경도, 위도 등 위치에 대한 기본적인 내용 정리하기 (K.U.D카드)	세계 여행 여권 만들기 (여권 자료 출처 - 인디스쿨)
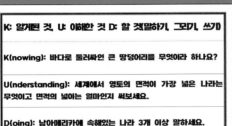	

② 전개 활동

전개 활동의 주된 루틴은 강의와 학생 활동이다. 세계 여러 나라의 자연환경, 인문 환경, 사회 환경에 대해 배우는 부분은 강의식으로 내용을 진행한다. 내용을 다 배운 후에는 학생들끼리 서로 설명하거나 문제를 만들어서 풀면서 정리한다. 큰 단원에 대한 내용은 모둠별 골든벨을 활용하여 정리한다.

기본적으로 학생 체험 부스를 운영하기 위해서는 학생 모둠을 구성하고 모둠 내에서 계획을 세워 교사에게 피드백을 받는다. 수정해야 하는 부분이나 추가해야 할 부분을 확인하고 수정한다. 모둠별로 필요한 준비물 중 교사가 준비할 수 있는 것과 학생들이 준비할 수 있는 것을 나눠 준비한다. 체험 부스를 운영하며 체험을 진행한다. 체험 부스를 운영할 때는 둘가고 둘남기 방법을 활용하여 설명하는 사람, 체험하는 사람을 시간을 나눠 운영한다. 교사는 타임키퍼(Time keeper) 역할을 수행하며 역할을 바꿔 준다.

세계 여러 나라의 자연 환경 알기

6학년   반 이름(   )

1. 교과서를 보고, 6가지 기후대를 색칠해 봅시다.
2. 각 기후대에 해당하는 국가들을 사회과 부도에서 찾아 표에 써 보세요.
3. 사회과 부도에서 찾은 나라를 지도에 표시해 보세요.

여행지 소개 자료 발표하기

※**소개자료 만들 때 주의점**
1. 첫 장은 나라 소개(나라이름, 인구 수, 국기 등)
2. 두 번째 장은 그 나라의 전통 의상 소개
3. 세 번째 장은 그 나라의 전통 음식 소개
4. 네 번째 장은 그 나라를 조사하며 느낀점
※**소개자료 발표 시 주의점**
1. 앞에 나와 친구들이 들릴만한 목소리 크기로 말한다.
2. 발표를 듣는 사람은 친구의 말을 경청한다.
3. 발표가 끝나면 궁금한 점을 질문한다.

자료 조사하기

세계 문화 체험 부스 실행하기

부서별 체험 부스 목록

네덜란드 풍차 체험하기
박스 풍차에 타면 모둠원이 돌려주는 체험

프랑스 그림 맞추기
서양식 음식 먹을 때 식사 테이블 차리는 체험

러시아 핼러윈 타투 체험
핼러윈 타투하고 사탕 나눠 주기

이탈리아 클레이로 피자 만들기
클레이 재료를 활용해 대표 음식 중 하나인 피자 만들기

일본 초밥 만들기
일본에서 가장 유명한 초밥을 클레이로 만들어 한 그릇 식사 만들기

스웨덴 하몽 요리 만들기
하몽은 구하기 힘들어 베이컨으로 대체해 샌드위치 만들기 체험

③ 정리 활동

체험 활동 후에는 학생들이 만든 결과물을 전시하고 개인별로 글을 쓴다. 프로젝트 활동에 대한 내용, 하면서 어려움에 봉착했던 순간, 그 어려움을 어떻게 이겨 낼 수 있었는지 등 경험한 것, 알게 된 것, 느낀 점 등을 작성하여 자기 성찰의 지표로 활용한다. 교사는 학생의 글을 읽으며 다음 프로젝트 활동을 계획할 때 보완하거나 수정한다.

나라별 체험 부스 활용 후 모둠 결과물 전시

프로젝트 소감문

주제: <걸어서 세계 속으로> 프로젝트를 마치며

활동한 날짜:　　년　월　일　요일

이름:

우리는 사회 시간에 세계 여러 나라를 조사하고, 조사한 나라를 발표 자료로 만들어 발표를 했습니다. 다양한 기후와 생활 모습 등을 공부하고, 각 모둠별로 나라의 특징적인 활동을 직접 계획하여 학급의 친구들과 다양한 세계의 문화를 간접체험할 수 있는 부스를 운영했습니다.

1조 네덜란드 - 박스 풍차 돌리기

2조 프랑스 - 식사예절 그림 맞추기

3조 네덜란드 - 할로윈 타투

4조 이탈리아 - 클레이로 나만의 피자 만들기

5조 일본 - 내가 먹고 싶은 초밥 만들기

6조 독일 - 하몽을 넣은 BLT샌드위치 만들기

모둠별로 친구들이 계획한 다양한 활동에 참여하며 다른 나라의 문화에 대해 새롭게 알게 된 점이나 좋았던 점, 소감 등을 쓰고 다른 나라의 문화를 대하는 올바른 태도는 무엇인지 자신의 생각을 써봅시다.

[블록 돌아보기: 성찰과 성장]

6학년 학생들은 글쓰기, 활동 계획하기 등에 주도적으로 참여할 수 있는 학년이다. 학교나 학급의 상황에 따라 다를 수 있지만 학습자를 분석해 본 결과 학생들은 다양한 체험을 하는 것에 더 큰 흥미를 보였다. 다만, 재밌는 내용만 다루는 것이 아니라 교과서의 개념적인 내용을 꼭 다뤄야 하므로 때문에 교사의 강의식 설명과 학생 주도의 정리 활동을 루틴으로 활용하게 되었다. 짝을 활용한 서로 가르치기 방법, 모둠을 활용한 골든벨 등을 활용하여 배운 내용에 대해 서로 가르침을 주고받으며 즐겁게 정리할 수 있었다.

또한, 학생들이 흥미를 가질 만한 주제로 조사 학습을 진행했다. 기본적인 조사 방법을 가르쳐주고 출처 입력하는 법, 사진 및 글 정리하는 법 등 국어 시간을 함께 활용하여 수업을 진행했다. 배운 내용을 직접 적용할 수 있는 체험 부스를 계획하여 운영하며 가장 큰 즐거움을 느꼈다. 다른 사람과 협력해야 하기에 의사소통 과정에서 문제가 생기기도 하였지만, 그 과정에서 생긴 문제를 해결하면서 효능감을 보이기도 했다. 아쉬운 부분은 우리 반에서만 체험 부스를 운영하고 끝났다는 것이다. 우리가 만든 체험 부스를 다른 반, 혹은 저학년 학생들과 공유할 수 있는 시간이 있었다면 더 좋았을 것 같다. 왜냐하면 2학년에도 통합 교과에서 '세계'를 배우기 때문이다. 다음에 6학년 학생들과 이 수업을 한다면 2학년 학생들과 함께 체험 부스를 열고 체험할 수 있는 프로젝트를 진행해서 학년 간 유의미한 배움이 일어날 수 있도록 하고 싶다.

[블록 돌아보기: 성찰과 성장]

실시간 수정과 공유가 가능한 구글 프레젠테이션

6학년 조사 학습에서 가장 많이 사용하는 것은 웹 검색이다. 그리고 이러한 검색 내용을 논리적으로 잘 정리할 수 있는 방법은 다양하다. 보통 수기 기록을 통해 많이 기록하지만 모둠원과 협동하여 수정하고 공유가 편리한 구글 프레젠테이션을 활용할 수도 있다. 활용법은 간단하다.

1. 학교에서 반별로 학생 개별 구글 아이디를 만든다.
2. 만들어진 학교의 구글 아이디로 크롬에 접속하여 로그인을 한다. (저학년의 경우 교사가 미리 로그인을 해 둔다.)
3. 빈 프레젠테이션을 클릭하여 프레젠테이션을 추가한다. 테마에서 프레젠테이션 형식을 수정할 수 있다.
4. 링크를 복사하여 공유할 수 있다. 단, 링크를 공유한 사람들이 수정할 수 있도록 편집자로 변경하여 공유해야 수정이 가능하다.
5. 구글 프레젠테이션을 활용하여 모둠별로 쉽게 협동 창작이 가능하다.

3부

읽으면서 바로 써먹는
PBL 프로젝트 기록법

1부, 2부의 내용을 통해 프로젝트 수업을 열심히 계획하고 실천하였다면 실행했던 프로젝트들을 잘 기록해 둘 필요가 있다. 1부에서 언급한 '프로젝트 블록'을 쌓기 위해서는 실천한 프로젝트들을 꼼꼼하게 기록해 두어야 한다. 꼼꼼하게 기록해 둔 프로젝트 수업들은 차곡차곡 쌓여 블록이 되고, 그렇게 쌓인 프로젝트 블록들은 교사 교육과정이 된다. 이렇게 쌓인 프로젝트 수업 블록들은 서로 연결되고 이어지면서 새로운 프로젝트 수업으로 이어지게 된다.

온라인 기록 방법

블로그, 네이버 밴드, 인스타그램, 패들렛, 구글 드라이브

　가장 흔히 사용하는 방법이자 가장 쉽게 기록할 수 있는 방법이다. 온라인상의 여러 플랫폼과 도구들을 활용해 프로젝트 계획서, 실천 내용, 결과물들을 일목요연하게 업로드해 두면 다음에도 활용하기 매우 편리하다. 이렇게 쌓인 기록들은 나만의 포트폴리오로 활용될 수 있다. 온라인 기록의 장점이라고도 할 수 있듯 차근차근 쌓여 가는 자신만의 기록들을 보며 교사 교육과정이 만들어지는 과정을 경험할 수 있다.

　온라인으로 기록할 때 가장 중요한 것은 '즉시성'이다. 수업을 마친 그날 바로 기록하여 업로드하는 것이 가장 중요하다. 한 번 놓치면 뒤늦게 업로드하는 일이 매우 힘들기에 그날그날 간단하게, 사진만이라도 기록해 두는 것이 꼭 필요하다.

기록 방법	특징
[온라인 기록 시 중요한 것] ① 즉시성 ② 꾸준함 ③ 완벽하지 않아도	
① 블로그	·가장 대중적인 기록 방법 ·글, 그림, 사진, 동영상, 파일까지 등록할 수 있으며 비공개, 공개 설정이 가능 ·단, 비공개로 10mb가 넘는 영상은 탑재할 수 없음.
② 네이버 밴드	·글, 그림, 사진, 동영상을 탑재할 수 있으며 휴대전화에서 다시 사진을 다운로드 하는 것이 쉬움. ·초대된 사람들에게만 공개할 수 있다는 장점이 있고 피드 형태로 기록이 가능 ·단, 파일, 사진, 영상 등은 1년만 보관되므로 더 오래 보관하고 싶다면 이용권을 구매해야 함.
③ 소셜미디어 (인스타그램)	·글, 사진, 동영상을 넣을 수 있지만 크기와 용량이 제한됨. ·게시물 사진은 10개, 동영상의 길이도 제한됨. ·단, 사람들과 소통의 접근성이 좋아 많은 사람이 현재 사용하고 있는 온라인 기록 방법 중 하나
④ 패들렛	·다양한 형태로 기록을 할 수 있는 플랫폼 (표, 그림, 영상, 소리, 파일 등)

	· 프로젝트 전 과정을 한눈에 담을 수 있는 가장 좋은 방법 · 단, 무료로 3개까지 개설 가능하며 추가로 개설할 경우 이용권을 구매해야 함.
⑤ 구글 드라이브 폴더	· 대용량의 파일을 하나의 폴더에 저장할 때 매우 유용 · 교육용 구글 계정을 이용하면 USB 드라이브처럼 활용할 수 있으며, 다음에 사용할 수 있도록 파일을 정리할 때 유용하게 사용할 수 있음.

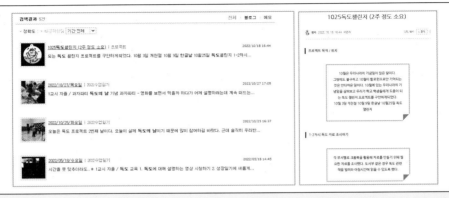

블로그

네이버 밴드	인스타그램

패들렛	구글 드라이브

[프로젝트 수업 온라인 기록법 예시]

오프라인 기록 방법

기록물 제본, 공책 정리, 책 쓰기

　미국 워싱턴대학의 연구 결과를 살펴보면, 키보드보다 손으로 쓴 어린이의 표현력이 풍부하다는 연구 결과가 있다. 캐나다 오타와대학교의 연구 결과에서도 이와 비슷하게 쓰면서 암기할 때 뇌 속 네트워크가 강화된다는 연구 결과가 있다. 즉 글을 쓰면 우리 뇌의 여러 영역이 활성화되고 뇌세포 사이의 연결(시냅스)을 풍부하게 한다는 것이다. 우리가 노트북에 글을 쓰는 것보다 손으로 쓰는 것이 우리 뇌를 더 풍부하게 할 수 있는 방법이면서 더 오래 기억할 수 있는 방법이라는 뜻이다. 그래서 일반적으로 여러 가지 강의를 들을 때 직접 손으로 쓰면서 정리하는 것이 더욱 잘 기억에 남는 편이다.

　오프라인으로 기록을 하는 방법은 크게 3가지가 있다. 기록물을 손수 제본하는 방법, 공책을 활용해 정리하는 방법, 책을 쓰는 방법이다. 이 책의 저자인 나도 온라인 기록 방법과 오프라인 기록 방법 모두 활용해 보았는데, 가장 기억에 남고 활용도가 높은 것은 오프라인 기록 방법이다. 기록을 남길 때 한 번 더 정리하게 되고, 그 과정에서 다음에 프로젝트를 할 때 보완해야 할 점들을 자연스레 떠올릴 수 있다. 물론 온라인 기록 방법보다 많은 시간과 노력이 드는 어려움이 있다. 그래서 온라인 기록 방법과 다르게 오프라인 기록 방법은 즉시적으로 기록하기보다는 프로젝트가 모두 끝난 뒤 차근차근 돌아보며 기록을 남기는 것이 더 효과적이다.

기록 방법	특징
① 기록물 제본	·프로젝트 수업을 계획하거나 진행하며 만들었던 자료들은 하나의 책자로 제본해 두는 방법 ·프로젝트 계획서, 활동 자료 및 학습지, 학생 결과물, 칠판 판서 등을 제본해 두면 두고두고 사용할 수 있음. ·다음에 활용할 때는 기록물을 함께 보면서 수업이 가능하기에 가장 활용도가 높은 기록 방법이라고 할 수 있음.

② 공책 정리	· 수업을 준비할 때 줄공책 1권에다가 준비한 내용을 기록해 두는 방법 · 판서 계획, 학생 활동 계획, 주요 발문 등을 공책에 기록해 두면 프로젝트가 끝날 때 한 권의 공책에 자동으로 기록이 남게 됨.
③ 책 쓰기	· 지금 읽고 있는 책처럼 큰 프로젝트가 끝나면 실천한 프로젝트에 대해 책을 쓰는 방법 · 책을 쓰게 되면 자연스레 실천한 프로젝트 수업에 대해 한 번 더 정리하게 되고 그 과정에서 다음에 보완해야 될 것들을 생각해 보게 됨. · 몇 번의 프로젝트 수업을 진행하여 블록이 쌓이게 되면 책을 쓰면서 그동안 실천했던 프로젝트 수업의 사례들을 정리하는 것도 좋은 기록 방법. 이 책의 저자도 지금 그런 의미로 책을 쓰고 있음.

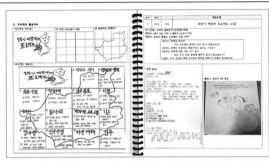

기록물 제본

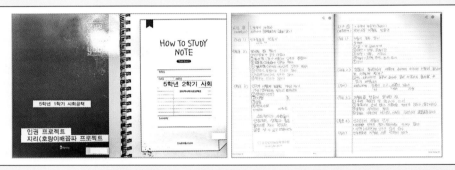

공책 정리

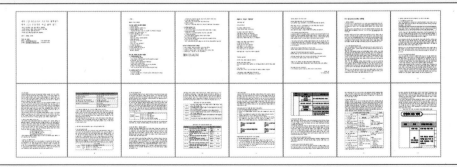

책 쓰기

[프로젝트 수업 오프라인 기록법 예시]

3.

강의하기 및 공부 모임 만들기

내가 배운 것을 가장 잘 기억하는 방법

마지막 기록 방법은 강의하기와 공부 모임 만들기이다. 어떻게 보면 가장 어려운 단계처럼 보이지만 프로젝트 수업을 꾸준히 실천할 수 있는 가장 큰 원동력이 되는 기록법이다. 혼자서 프로젝트 수업을 계획하고 진행하다 보면 힘이 부칠 때가 있다. '이렇게까지 해야 하나, 그냥 가르치면 될 텐데'라는 생각이 떠오를 때도 많다. 그러나 강의를 하거나 공부 모임을 만들어 운영하면 함께하는 동료가 있기에 프로젝트 수업을 꾸준히 실천할 수 있는 원동력이 된다.

1) 강의하기

미국 NTL(The National Training Laboratories)에서는 교육 방법에 따라 24시간 이후 기억에 남는 학습량을 학습 피라미드(Learning Pyramid)로 나타냈다. 아래의 그림을 보면 마지막 '서로 가르치기(Teaching Others)'는 90%의 학습 기억력을 가진다고 나타나 있다. 이처럼 다른 사람에게 가르치고 설명하는 것은 가장 오랫동안 기억에 남게 되는 좋은 기록법이라고 할 수 있다. 강의를 준비하면서 자신의 프로젝트를 돌아보고 자료를 만들며 자연스레 프로젝트 수업을 돌아보게 된다. 강의를 하며 자신의 경험을 동료 교원에게 설명을 하고 이 과정에서 성취감을 얻게 되어 다음 프로젝트 수업을 계획할 때도 큰 원동력이 된다.

[4]학습 피라미드(Learning Pyramid)

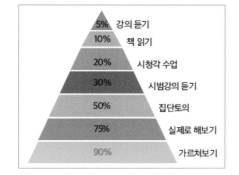

학습 피라미드 (Learning Pyramid)

5%	강의 듣기
10%	책 읽기
20%	시청각 수업
30%	시범강의 듣기
50%	집단토의
75%	실제로 해보기
90%	가르쳐보기

---

4) 한국교육신문 - https://www.hangyo.com/news/article.html?no=83823

2) 공부 모임(연구회) 만들기

프로젝트 수업을 꾸준히 지속할 수 있는 좋은 방법 중 하나이다. 프로젝트 수업을 함께 공부하는 선생님들과 공부 모임을 만들어 꾸준히 실천하고 모임 안에서 서로 사례를 나누며 성장하는 방법이다. 그래서 저자도 사람과교육연구소에서 진행하는 "행복교실"이라는 공부 모임에 참여하게 되었다. 행복교실에서는 3월 첫 만남 프로젝트부터 학급 경영, 체계적 교수학습법, 프로젝트 수업 등과 관련된 사례를 나눈다. 이러한 공부 모임에서 다양한 프로젝트 수업 사례들을 경험하였으며, 그 결과 교실에서도 여러 가지 프로젝트 수업을 실천할 수 있었다. 이렇게 다양한 프로젝트를 꾸준히 실천할 수 있는 데 공부 모임이 큰 원동력이 되었다.

단계	방법	설명
1단계 강의	동료 교사에게 설명하기	강의라고 해서 거창하게 생각할 필요 없다. 옆 반 선생님, 동 학년 모임에서 설명하는 정도로도 충분하다. 마음이 맞는 동 학년 선생님을 찾아가 함께하자고 제안하며 프로젝트 계획을 설명하면 된다.
2단계 강의	전문적 학습 공동체 및 교사 동아리	전문적 학습 공동체나 교사 동아리를 통해 동료 선생님들께 실천한 프로젝트 수업을 소개하면 된다. 온라인 기록 방법을 잘 정리해 두면 외부 학교에서 강의 요청이 올 때도 있기에 기록법들을 잘 활용하면 많은 도움이 된다.
3단계 모임	공부 모임 만들기 (연구회)	공부 모임을 통해 프로젝트 수업의 경험을 공유하고 피드백을 주고받으며 성장할 수 있다. 또한, 정기적인 모임을 운영하며 실천 사례를 나누고 연구하면 프로젝트 수업을 더욱 발전시킬 수 있다.

동료 교사에게 설명하기	전문적 학습 공동체

4.

기록의 중요성

그날 배운 건, 그날 바로 기록하라

　오랫동안 수업 연구를 해 오신 선생님들은 한 가지의 공통점이 있었다. 바로 '기록'이다. 흔히들 많이 알고 있는 참쌤스쿨도 '에듀박스'라는 온라인 기록처가 있다. 선생님들이 자주 사용하는 '인디스쿨'에도 자신의 수업 기록을 나눠 주시는 선생님들이 있다. 그런 선생님들의 기록들을 찾아 따라가 보면 카페나 블로그 등 다양한 온라인 기록처를 가지고 있다는 것을 알 수 있다. 지금은 더 확대되어 개인 SNS에도 자신의 수업이나 학급 경영 팁을 나눠 주고 있는 선생님들이 있다. 지금은 자기 PR의 시대이다. 자신의 SNS나 블로그처럼 타인에게 선한 영향력을 제공하는 것이 하나의 포트폴리오가 되는 시대이다.

　그래서 언젠가부터 수업을 기록해 보기로 했다. 첫 목표는 바로 매일 쓰기였다. 어떤 것이든 매일 수업에 대한 기록을 블로그에 남겨 보자고 다짐했다. 블로그는 공개적인 온라인 플랫폼이라 학생들의 얼굴이 들어가는 글을 매일 쓰기가 쉽지 않았다. 하지만 비공개로도 충분히 사진과 동영상으로 기록할 수 있었다. 그리고 그렇게 작심삼일로 끝냈다면 이 책은 세상에 나오지 못했을 것이다. 작심삼일이 다시 작심삼일이 되고 어느덧 30일이 되고 1년이 되었다. 시간이 흐르니 1년의 수업 기록이 블로그에 쌓이게 되었다. 내가 한 수업을 다시 살펴보고, 사진과 글, 영상으로 기록하는 것은 나에게 더 큰 꿈을 가질 수 있는 발판이 되어 주었다. 이 책을 쓰기 전 혼자서 보고서를 쓰기도 했고, 다시 이렇게 책을 쓸 마음을 갖게 되었으니 말이다.

[블록 쌓기: 설계하기]

프로젝트 수업 기록법 3단계	블록 쌓기 TIP
① 온라인 기록법	1) 블로그 2) 네이버 밴드 3) 소셜미디어 (인스타그램) 4) 패들렛 5) 구글 드라이브 폴더
② 오프라인 기록법	1) 기록물 제본하기 2) 공책 정리 3) 책 쓰기
③ 강의하기 및 공부 모임 만들기	1) 동료 교사에게 설명하기 2) 전문적 학습 공동체 및 교사 동아리 3) 공부 모임(연구회) 만들기

에필로그 ───────────────────────────

책 쓰기 프로젝트를 마치며

'여행책을 보며 여행을 꿈꾸듯'

설마 여기까지 책을 읽으신 분들 중에 프로젝트 수업을 시도하지 않으실 분이 계실까요?

뜨끔하셨더라도 괜찮습니다. 그 마음을 충분히 공감합니다. 오히려 이 책을 읽고 프로젝트 수업을 하는 것이 더 어렵다고 느끼실 수 있습니다. '나는 저렇게까지는 못 하겠는데, 아직 하기 벅찬데….'라는 생각을 충분히 하실 수 있습니다. 저도 다른 분들의 책을 읽고 비슷한 생각을 많이 했었습니다. 당연히 그럴 수 있습니다. 스페인 여행 책을 본다고 당장 스페인에 갈 수 없듯이 말입니다. 꼭 하지 않으셔도 됩니다. 지금 당장은.

삶이 바쁘고, 학급 경영이 버거운 분들께 지금 당장 프로젝트 수업을 하라는 것은 오히려 더 큰 부담일 수 있습니다. 가장 중요한 것은 책을 읽으신 선생님의 행복한 삶과 평화로운 학급 경영입니다. 저도 삶이 힘들고 학급 경영이 벅찰 때 프로젝트 수업을 하지 않았습니다. 이 책을 읽고 꼭 이렇게 따라 해야만 한다는 부담감과 이렇게 하지 못한 것에 대한 죄책감 같은 마음은 전혀 느끼실 필요가 없습니다. 여행도 마음의 여유가 있어야 가듯, 프로젝트 수업도 마음의 여유가 있어야 할 수 있습니다.

다만, 언젠가 행복한 학급을 만나셨을 때 한 번쯤 프로젝트 수업을 시도해 보시면 어떨까 합니다. 내 삶이 편안하고 학급이 평화로울 때 아이들과 조금 더 의미 있고 깊이 있는 활동을 해 보고 싶으시면 이 책을 다시 꺼내어 프로젝트 수업을 계획해 보면 좋을 것 같습니다. 이 책은 그런 의미로 쓰인 책입니다. 여행책을 보며 언젠가 떠날 여행을 꿈꾸듯 언젠가 한 번쯤 해 보면 좋겠다라는, 작은 희망을 전달해 드리기 위해 쓰여진 책입니다. 선생님의 책장에서 이 책이 꺼내져 종이가 넘겨질 그날을 기다리겠습니다. 그날이 왔다는 것은 이 책을 읽으시는 선생님께서 행복하고 평화롭다는 뜻이니까요.

사실 이 책을 쓰는 과정 자체가 저에게도 큰 프로젝트였습니다. 제가 이 프로젝트를 했다는 것은 저도 삶의 여유가 있었다는 뜻이겠지요. 긴 겨울 방학 동안 책을 쓰며 힘들기도 했지만, 맺음말을 쓸 때가 되니 후련한 마음이 더욱 듭니다. 프로젝트 수업을 계획할 때 가장 먼저 해야될 일을 기억하시나요? 바로 '굳이 프로젝트 수업을 해야 하는 이유'입니다. 저는 굳이 이 책을 왜 썼을까요?

이 책을 읽으시는 선생님들께서 '프로젝트 수업을 해 보고 싶을 만큼' 삶이 행복하고 학급이 평화롭기를 바라는 마음에서 썼습니다. 마음이 편안하고 행복해야 성장의 욕구가 일어나듯, 선생님의 삶과 교실에 행복이 가득하여 성장하고 싶은 마음이 들 때 이 책이 선생님들께 많은 도움이 되기를 바라는 마음에서 썼습니다.

이제 저의 '책 쓰기 프로젝트'의 마지막 장면을 쓰려고 합니다. 저의 책 쓰기 프로젝트의 결과물을 끝까지 읽어 주신 독자 선생님들, 함께 글을 쓰자고 제안해 주신 김지현 선생님, 그리고 책을 쓸 때 많은 조언을 해 주신 밀알샘 김진수 선생님께 진심으로 감사드립니다. 선생님들의 삶과 학급에 행복이 가득하기를 바라고 선생님들께서 실천하실 프로젝트 수업들이 잘 실행되기를 언제나 응원하겠습니다. 감사합니다.

저자 안현준, 김지현

참고 문헌

[단행본]
- 《초등 한국사! 진짜 역사 수업을 말한다》, 이관구, 즐거운학교
- 《자료와 활동 중심의 사회과다운 수업하기》, 송언근 외, 교육과학사
- 《학급운영시스템》, 정유진, 에듀니티
- 《지니쌤의 행복교실》, 정유진, 에듀니티

[정책자료]
- 경기도교육청 학교자율시간 과목 및 활동 개설 예시자료
- 2022 개정 교육과정, 교육부
- 2015 개정 교육과정, 교육부

[지도서]
- 2022 개정 교육과정 지도서
- 2015 개정 교육과정 지도서

[인터넷 사이트]
- 지구의날 퍼즐 놀이 활동지, 픽미쌤
- 한글나무 활동지, 픽미쌤
- 관쌤의 역사수업연구소 블로그
- 인디스쿨 자료실

읽으면서 바로 써먹는 프로젝트 수업

수업도 여행처럼!
프로젝트 수업 왕초보를 위한

PBL 프로젝트 수업 재미있게 하기

2025년	4월	1일	1판	1쇄	인 쇄
2025년	4월	10일	1판	1쇄	발 행

지 은 이 : 안현준 · 김지현 공저

펴 낸 이 : 박　　　정　　　태

펴 낸 곳 : **주식회사 광문각출판미디어**

10881
파주시 파주출판문화도시 광인사길 161
광문각 B/D 3층
등　　　록 : 2022. 9. 2 제2022-000102호
전 화(代): 031-955-8787
팩　　　스 : 031-955-3730
E - mail : kwangmk7@hanmail.net
홈페이지 : www.kwangmoonkag.co.kr

ISBN : 979-11-93205-54-9　　03370

값 : 15,000원